Justo L. González

¡Regocijaos siempre!

Justo L. González

¡Regocijaos siempre!

La Epístola a los Filipenses

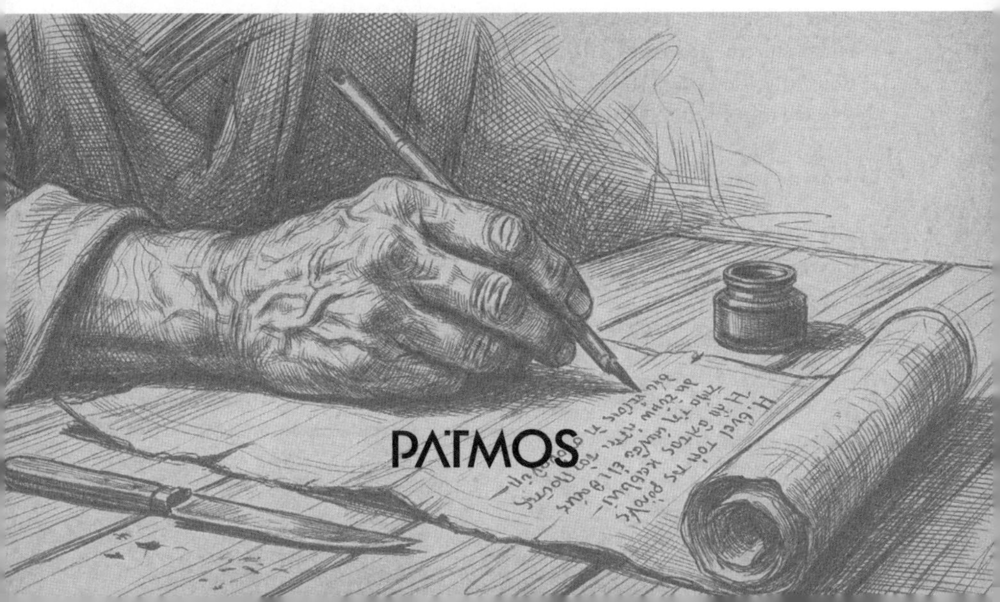

PATMOS

¡Regocijaos siempre! La Epístola a los Filipenses

Publicado por Editorial Patmos,
Miramar, FL 33027.

Diseño de portada e interior por Adrián Romano.

ISBN: 978-1-64691-343-5
ISBN: 978-1-64691-344-2 (eBook)

Categoría: Comentario bíblico

Impreso en Brasil | *Printed in Brazil*

Contenido

Introducción 7

1 **Dedicatoria y saludo** 1:1-2 19

2 **Acción de gracias e intercesión** 1:3-11 25

3 **Victoria en la prisión** 1:12-18 37

4 **Un gozo firme** 1:19-21 49

5 **Los conflictos de Pablo** 1:22-30 53

6 **Humillación y exaltación de Cristo** 2:1-4 63

7 **Cántico a Jesús** 2:5-11 71

8 **Aplicación del himno** 2:12-18 85

9 **Envío de dos colaboradores** 2:19-30 97

10 **Lo que de veras vale** 3:1-11 103

11 **Camino a la perfección** 3:12—4:1 117

12 **Palabras finales** 4:2-23 129

Epílogo 141

Introducción

Es común incluir la Epístola a los Filipenses en una categoría llamada "epístolas del cautiverio" o "de la cautividad". En esa categoría se incluyen, además de Filipenses, Colosenses, Filemón y Efesios. Yo mismo publiqué hace algún tiempo un libro en el que unía todas esas cartas (*Tres meses en la escuela de la prisión*, 1997). La razón es muy sencilla: en todas ellas vemos a Pablo escribiendo desde la prisión, y refiriéndose a sí mismo como "prisionero". Esto ha llevado a una larga serie de discusiones acerca de dónde Pablo estaba prisionero al escribir estas cartas. Respecto a esto las posibilidades son muchas. Algunos sugieren que fueron escritas mientras Pablo estaba preso en Cesarea, según cuenta Hechos 23:23—27:2. Otros sugieren que fueron escritas en Roma (Hch 28:16-30). Otros piensan que posiblemente se trate de algún otro lugar donde Pablo pudo haber sido prisionero al escribir estas cartas. Y otros señalan que el hecho mismo de los repetidos cautiverios de Pablo deja abierta la posibilidad de que las llamadas "epístolas del cautiverio" no hayan sido escritas desde la misma prisión ni desde la misma ciudad, sino en tiempos diferentes y desde distintas prisiones.

Todo esto nos lleva a afirmar que, aunque pueda haber cierta utilidad en unir todas estas cartas bajo una misma categoría, y aunque haya entre algunas de ellas semejanzas notables, no conviene sencillamente unirlas todas como si fueran semejantes, sino que al mismo tiempo hay que subrayar el carácter particular de cada una de ellas. En el caso de Filipenses, que es la epístola que más nos interesa aquí, hay ciertas particularidades que nos ayudan a entenderla mejor y que no debemos olvidar.

Una epístola de la intimidad

Cuando Pablo les escribió a los colosenses, no los conocía personalmente, y les contaba entre "todos los que nunca han visto mi rostro". Pero al mismo tiempo se dirige a Filemón, a quien sí parece haber conocido, porque conoce a Onésimo, y quiere recomendarle, pedirle y ordenarle al antiguo amo de Onésimo que le reciba y trate como a un hermano. Por una parte, le dice a Filemón que ha "oído" acerca de él y de su fe, y eso bien puede tomarse como señal de que no le conocía personalmente. Pero, por otra parte, no solamente se dirige a Filemón como quien le conoce personalmente y siente que tiene el derecho de pedir y de exigir, sino que también llama a Filemón "colaborador nuestro", y les manda saludos por nombre a otras personas: "a la amada Apia, a Arquipo, nuestro compañero de milicia, y a la iglesia que está en tu casa" (Flm 2). En resumen, Pablo parece no haber conocido personalmente a la iglesia en Colosas, pero sí a algunos de sus miembros. Y es imposible saber dónde, cómo o cuándo los conoció.

En cuanto a Efesios, la cuestión es más complicada, pues algunos importantes manuscritos antiguos no incluyen la frase "en Éfeso" (Ef 1:1). Tales manuscritos pueden leerse como "a los santos y fieles que están en Cristo Jesús". Además, por el libro de Hechos sabemos que Pablo pasó largo tiempo en Éfeso y sus alrededores, y que por tanto debería conocer a buen número de creyentes en esa región. Pero en Efesios no hay los saludos personales que son típicos de las cartas de Pablo, y que aparecen hasta en Filemón y Colosenses: cartas dirigidas a una iglesia que el mismo Pablo dice que no conoce personalmente. Por esas y otras razones, hay quien sugiere que la epístola que hoy llamamos "Efesios" era más bien una carta circular, escrita para creyentes en diversos lugares, mientras otros sugieren que Efesios es la carta a Laodicea que se menciona en Colosenses 4:16. Pero todo eso no es cuestión que deba detenernos aquí. Lo que sí es importante recalcar es que en términos generales la mayoría de las epístolas de la prisión no nos dicen mucho acerca de las relaciones entre Pablo y las iglesias a que se dirigen.

En este punto hay una notable diferencia entre Filipenses y las otras epístolas de la prisión, pues Pablo conocía bien a la iglesia en Filipos, y en esta carta vemos algo de sus relaciones con esa iglesia.

En Hechos se nos dice que Pablo fue a Macedonia (la región donde estaba Filipos) por razón de la visión que tuvo, de un "varón macedonio" que le decía: "Pasa a Macedonia y ayúdanos". Fue siguiendo el ruego de esa visión que Pablo y sus acompañantes navegaron desde Troas hasta Neápolis, y de allí fueron a Filipos. En Filipos, nos sigue contando Hechos, ocurrieron varios incidentes importantes. El primero de ellos fue que, yendo en busca de una sinagoga, como era su costumbre al llegar a cada ciudad, lo que encontraron no fue una sinagoga, sino un grupo de mujeres que se reunían junto al río para orar. (Es interesante notar que la visión de Pablo fue de un "varón" macedonio, y que al llegar a Macedonia lo que encuentra no es una sinagoga, para la cual se requería un número de varones presentes, sino más bien un grupo de mujeres).

El texto no dice que aquellas mujeres fueran judías; pero el hecho de que se reunían el sábado, y que fue a ese lugar que Pablo y sus acompañantes fueron, no parece dejar lugar a dudas al respecto.

Entre esas mujeres se encontraba Lidia de Tiatira, quien aparentemente no era judía, pues Hechos la llama una mujer "que adoraba a Dios" (Hch 16:14), frase que se empleaba como sinónimo de los "temerosos de Dios", es decir, de los gentiles que simpatizaban y en cierta medida participaban de la fe de Israel. Lidia insistió en que Pablo y sus acompañantes se hospedaran en su casa; y lo hizo con tal fuerza que Hechos dice que "nos obligó a quedarnos" (Hch 16:15).

Hechos pasa entonces a contar la historia de la muchacha con espíritu de adivinación explotada por sus amos. Pablo le ordenó al espíritu de adivinación que saliera de la muchacha, y los amos de la joven, molestos por haber perdido los ingresos que la esclava les producía, acusaron a Pablo y sus acompañantes de proponer costumbres "que no nos es lícito hacer ni recibir, pues somos romanos" (Hch 16:21). Más adelante, al tratar sobre la ciudad de Filipos, volveremos sobre estas palabras. En todo caso, la acusación por parte de los amos de la joven lleva a un motín en el que el pueblo "se agolpó contra ellos". Aparentemente sin hacer muchas preguntas ni indagar sobre la cuestión, los magistrados ordenaron que, tras rasgarles las ropas, Pablo y Silas fueran azotados y encarcelados "en el calabozo de más adentro", y asegurados con un cepo. Es entonces que tiene lugar el famoso episodio del terremoto, el pavor del carcelero, y su conversión. Al día siguiente, por razones que Hechos no nos dice, los magistrados ordenan dejar libres a los dos prisioneros. Pero Pablo y Silas, aduciendo su ciudadanía romana, se niegan a partir hasta que los magistrados vengan a ellos y se excusen. (Más adelante, al comentar sobre Fil 3:20, trataremos con más detenimiento la cuestión de la ciudadanía de Pablo y su importancia). Por último, Pablo y Silas van a casa de Lidia, animan a "los hermanos", y salen para Tesalónica. Más tarde, en lo que se conoce comúnmente como su "tercer viaje misionero", Pablo y sus acompañantes volvieron a pasar por Filipos al menos dos veces más, aunque Hechos nos dice poco acerca de estas otras visitas (Hch 20:1-6), cuya fecha debe haber sido alrededor del año 56. Luego, la Epístola a los Filipenses, que los eruditos colocan alrededor del año 61, es posterior a todas las visitas de Pablo a la ciudad, al menos, a las que se mencionan en Hechos.

Todo esto indica que una de las principales diferencias entre Filipenses y Colosenses es que, mientras Pablo era bien conocido por los creyentes en Filipos, les escribe a los colosenses conociéndolos principalmente de oídas. (Al mismo tiempo, no olvidemos que ya hemos señalado que la Epístola a Filemón, quien residía en Colosas, sí da señales de que Pablo conocía en Colosas al menos a Filemón y a Arquipo. Onésimo, el esclavo de Filemón, también era de Colosas; pero Pablo le conoció "en mis prisiones"; Flm 10).

Es por esto que bien podemos decir que Filipenses es una epístola de la intimidad, nota que se revela claramente en la lectura misma de la epístola. Pablo le está escribiendo a una de sus iglesias favoritas, que ha contribuido notablemente a la recaudación de fondos para los pobres en Jerusalén, y en la que el propio Pablo ha disfrutado (en casa de Lidia de Tiatira) de una hospitalidad que normalmente no aceptaría.

Filipos

Entre Filipos y Colosas había también otra diferencia notable. Como hemos señalado antes, al comentar sobre Colosenses, de entre todas las ciudades a las que Pablo visitó o escribió, Colosas es una de las menos conocidas. Esto se debe en parte a que sus restos arqueológicos no han sido explorados tan ampliamente como los de ciudades tales como Jerusalén, Antioquía de Pisidia, Éfeso y Roma. Pero se debe también en parte a que en el siglo primero Colosas había perdido mucha de su importancia. La mayor parte de las referencias a ella en la literatura antigua es bastante anterior al tiempo de Pablo, y ya un siglo antes Estrabón hablaba de ella como "un poblado", y otros se referían a sus pasadas glorias. En contraste con Colosas, Filipos era una ciudad floreciente. Hechos la llama "la primera ciudad de la provincia de Macedonia, y una colonia".

Veamos primero lo de ser "la primera ciudad de la provincia de Macedonia", que requiere cierta explicación. Uno de los antiguos manuscritos del Nuevo Testamento (el Códice Bezae) da a entender que Filipos era la capital de Macedonia. Puesto que tal no era el caso, esto puede atribuirse a un error de algún copista, o a un desafortunado intento de aclarar lo que el texto decía. Otros intérpretes dicen que la provincia de Macedonia estaba dividida en cuatro distritos, y que Filipos era cabeza de uno de esos distritos. También es posible que al llamar a Filipos "la primera ciudad" Hechos esté diciendo sencillamente que era la primera ciudad en el camino que Pablo seguía.

En todo caso, los restos arqueológicos de Filipos, en contraste con los de Colosas, son imponentes. El lugar, a orillas del mar Egeo, fue ocupado en el siglo IV a. C. por las tropas de Felipe II de Macedonia, quien lo arrebató de los tracios que se habían establecido en él y le dio el nombre de "Filipos" en su propio honor. Felipe se interesaba en ese sitio en parte por la proximidad de importantes minas de oro, y también en parte porque dominaba el camino entre otras dos ciudades importantes. Los macedonios levantaron una muralla para defender la ciudad y construyeron desagües que drenaron buena parte de los pantanos cercanos. Pero en el 163 a. C., menos de dos siglos después de las conquistas de Felipe II, la República Romana, en su proceso de expansión, se adueñó de toda Macedonia, de modo que Filipos, aunque conservaba el nombre que le había dado Felipe II, vino a ser parte de lo que pronto sería el Imperio Romano. Fue entonces que el antiguo camino que llevaba en Anfípolis a Neápolis fue substituido por una importante carretera romana que llevaba el nombre de *via Egnatia*. Esa sería la carretera que Pablo y sus acompañantes seguirían al ir de Filipos a Anfípolis (Hch 17:1).

En el año 44 a. C., Julio César fue asesinado, y esto llevó a una guerra civil entre los principales conspiradores en ese asesinato, Bruto y Casio, por una parte, y el hijo adoptivo de César, Octaviano, junto a Marco Antonio, por otra. Esa guerra culminó en el año 42 a. C. cuando, en dos batallas que tuvieron lugar junto a Filipos, Octaviano y Marco Antonio derrotaron a Bruto y Casio. Tanto Bruto como Casio se suicidaron, este último, según se cuenta, con la misma daga que había empleado en el asesinato de César. En el año 27 a. C., Octaviano vino a ocupar el trono imperial, y hoy se le conoce como Augusto César. Pero desde bastante antes, casi inmediatamente después de las batallas de Filipos, los vencedores habían comenzado a instalar en la región buen número de soldados que habían cumplido su tiempo de servicio, particularmente en la guerra contra Bruto y Casio.

Todo esto es el trasfondo de lo que Hechos nos dice acerca de Filipos, que era una "colonia". En la antigüedad, la palabra "colonia" no quería decir, como hoy, un país o territorio bajo el control de otro, que frecuentemente lo explota para sus propios intereses, como, por ejemplo, Nueva España y Nueva Granada fueron colonias españolas. Una "colonia" era más bien un asentamiento. En ese uso, cuando hoy hablamos de los "colonizadores" de América, nos estamos refiriendo ante todo a quienes vinieron a asentarse acá, normalmente a la fuerza, y de cuyos asentamientos surgieron las "colonias" en el sentido de dependencias. En el siglo primero, una "colonia romana" era un lugar donde el Imperio había asentado a un número de ciudadanos romanos, normalmente veteranos que habían completado su tiempo de servicio militar, y a quienes ahora se premiaba con tierras.

Fue particularmente Augusto (Octaviano) quien le prestó mayor atención a Filipos, y al establecimiento allí de buen número de soldados jubilados, dándole a la ciudad categoría de "colonia" romana. Tales colonias, además de servir como lugar de jubilación para los legionarios romanos, tenían otros dos propósitos. El primero de ellos era asegurar el control romano sobre una región recién conquistada. La presencia en la región de un fuerte número de legionarios romanos jubilados evitaría motines, desórdenes o rebeliones. El segundo propósito de tales colonias era la romanización de los territorios imperiales. Todo imperialismo requiere una justificación ideológica. La justificación de las conquistas romanas era que mediante ellas tendría lugar un proceso de romanización, o, por inventar una palabra, la "ciudadificación", de los territorios conquistados. Los griegos, y tras ellos los romanos, estaban convencidos de que la más notable invención humana era la ciudad, el orden de gobierno, que por eso hasta hoy seguimos hablando del orden "civil", es decir, el orden de la ciudad o *civitas*. Tal orden es lo primero que se requiere para que haya una verdadera *civitas*, una verdadera ciudad. No olvidemos que en griego una ciudad es una *pólis*, y que por tanto el famoso dicho de Aristóteles, que el humano es un "animal político", quería decir que la humanización era paralela a la "ciudadificación". En todo esto, al hablar de una "ciudad", no se trataba primeramente, como hoy, de un centro urbano, sino más bien de todo un sistema político que se gobernaba desde tal centro, es decir, lo que hoy llamamos un "estado". Esa fue la ideología que impulsó al más famoso discípulo de Aristóteles, Alejandro el Grande, a emprender sus famosas conquistas. Y esa fue también la ideología que sirvió para justificar la expansión romana. Por eso uno de los principales motivos de orgullo de Roma era el haber construido ciudades donde no las había; y donde ya existían, como en el caso de Filipos, en haberlas instituido o reorganizado a imitación y como extensión del orden de Roma.

Uno de los medios que se empleaban para alcanzar tales fines era establecer "colonias" que eran como pequeñas réplicas de Roma misma. En el caso de Filipos, que ya existía como ciudad, esto se ve hasta el día de hoy en restos de construcciones que son claras imitaciones de otras en Roma.

Todo esto lo ha expresado hábil y brevemente Rupert E. Davies en su comentario sobre Filipenses, *A Colony of Heaven* [Una colonia del cielo] (p. 9):

> Los romanos tenían dos propósitos al hacerse dueños de nuevos territorios: prevenir la rebelión y propagar la civilización y el estilo de vida romanos. Frecuentemente lo hacían estableciendo una colonia romana en medio de un pueblo conquistado. Una colonia consistía en ciudadanos romanos, con plenos derechos como tales, libres de impuestos, exentos de ciertos castigos, y libres para vivir como si estuvieran en la misma Roma. De hecho, una colonia era una Roma pequeña en medio de una población no romana. Sus miembros vivían como romanos, hablaban en latín, seguían las leyes romanas, llevaban vestimenta romana, y acudían a baños al estilo romano.

La iglesia en Filipos

En el comentario que sigue tendremos oportunidad de aprender más acerca de la iglesia en Filipos en tiempos de Pablo; pero conviene al menos decir algo acerca de lo que sabemos de aquella iglesia en tiempos posteriores.

A principios del siglo segundo, unos sesenta años después de las visitas de Pablo a Filipos, Ignacio, el obispo de Antioquía, fue condenado a morir como mártir, y enviado a Roma para que su suplicio fuera parte de un espectáculo público en medio de celebraciones especiales. Camino al martirio, mientras atravesaba lo que hoy es Turquía, Ignacio escribió siete cartas que son una de las más bellas joyas literarias de la antigüedad cristiana. Después, Ignacio y quienes le acompañaban pasaron por Filipos. Algún tiempo más tarde Policarpo, el obispo de Esmirna a quien Ignacio había conocido en su paso por la región, les escribió a los filipenses felicitándoles por haber recibido a quienes iban camino al martirio y, a petición de los filipenses, mandándoles copias de las cartas de Ignacio. Esa carta de Policarpo es el único testigo que tenemos de la vida de la iglesia en Filipos a mediados del siglo segundo.

Al llegar el siglo cuarto, encontramos varias iglesias, la más antigua de ellas de alrededor del año 340, así como nombres de obispos, también de la misma fecha. Ya en el próximo siglo, el quinto, aparecen numerosas iglesias, así como voces atribuyéndole la prosperidad de Filipos al paso de Pablo por la ciudad. No fue sino en el siglo XX que se hicieron casi todas las excavaciones arqueológicas que nos proveen datos más precisos acerca de los edificios que los romanos hicieron construir en aquella colonia.

La unidad de la carta a los filipenses

Lo que parece ser el carácter repetitivo y a veces supuestamente inconexo de la Epístola a los Filipenses ha llevado a algunos eruditos a proponer la teoría de que la epístola en su forma presente es en realidad una compilación de más de una carta. A esto contribuyó un pasaje en la epístola de Policarpo a los filipenses en el que les dice que Pablo les escribió "epístolas" (*Ad Phil.*, 3.2). En tiempos más recientes, sin embargo, otros eruditos han mostrado que lo que hoy puede parecernos una falta de orden y conexión se debe en realidad a que la epístola, como otra literatura de aquellos tiempos, hace uso frecuente de la estructura de pensamiento y de escritura que llamamos "quiasmo". Esa palabra se deriva del nombre de la letra griega X, y se refiere a una estructura en la que aparecen repeticiones de frases, oraciones o temas paralelos, pero en orden inverso.

Un caso sencillo de quiasmo en la literatura castellana son las famosas palabras de un poema de Rubén Darío: "Cuando quiero llorar, no lloro; y a veces lloro sin querer". Si analizamos esas palabras, vemos que constituyen un quiasmo en el que se habla primero de querer y de llorar en ese orden, y luego de llorar y querer en el orden inverso. El quiasmo es entonces como un emparedado o "sandwich" que tiene pan por ambos lados, y la carne entre las dos capas de pan: querer / llorar // llorar / querer. Esto puede presentarse de manera esquemática como sigue:

A querer
  B llorar
  B' llorar
A' querer

Primero se habla de A, luego de B, y entonces de B' y de A', que son paralelos a A y B.

El uso de tales esquemas o quiasmos era común en la literatura antigua. Frecuentemente en ellos, como en un emparedado, lo más importante, el punto que se quería recalcar, no se encontraba al final, como es común hoy, sino en el medio del quiasmo, como la carne en un emparedado. Cuando la Epístola a los Filipenses se examina teniendo esto en cuenta, la supuesta falta de conexión entre sus diversas partes desaparece, pues vemos que hay en ella una compleja serie de quiasmos, y a veces un quiasmo dentro de otro. En las páginas que siguen no haremos constante referencia a tales quiasmos, pues nuestras estructuras de pensamiento tienden a ser más bien lineales (A–B–C–D) o a veces circulares (A–B–C–D–A–B...). Rara vez usamos, ni siquiera reconocemos, un quiasmo. Pero es importante entender esto para que la epístola no nos parezca repetitiva e inconexa.

En conclusión, los muchos intentos de siglos pasados de desmembrar la epístola, tratando de ver en ella partes tomadas de varias epístolas, han perdido buena parte de su atractivo. La epístola misma se entiende mejor leyéndola como un todo, y no como una serie de fragmentos inconexos. En cuanto a la referencia de Policarpo a "las epístolas" de Pablo a los filipenses, es muy posible que haya habido más de una carta de Pablo dirigida a aquella iglesia; pero, si las hubo, no han llegado a nuestros días. También es posible que el plural, "epístolas", se deba a un error por parte de algún copista en la antigüedad.

De vuelta a la intimidad

Decíamos antes que lo que caracteriza a esta carta, en contraste por ejemplo con Romanos y con Colosenses, es su intimidad. Como veremos más adelante, buena parte de la carta, más bien que una misiva de un apóstol a una iglesia que debería sometérsele, parece ser una conversación en familia. Pablo habla como un padre, como una madre, como un hijo. Es precisamente en esto que radican la belleza y el atractivo de esta carta.

Pero dejemos las introducciones, y pasemos a las palabras de la epístola misma.

1

Dedicatoria y saludo

1:1-2

1 Pablo y Timoteo, siervos de Jesucristo, a todos los santos en
Cristo Jesús que están en Filipos, con los obispos y diáconos:
2 Gracia y paz a vosotros, de Dios nuestro Padre y del Señor
Jesucristo.

A diferencia de lo que hacemos hoy, la costumbre en tiempos antiguos era empezar una carta, no con el nombre del destinatario, sino más bien con el de quien escribía. Después se decía quién era el destinatario (o los destinatarios), y esa introducción se cerraba con una palabra de saludo o de buenos deseos. A ese saludo y dedicatoria seguían entonces palabras de encomio o de buena voluntad. En el caso de Pablo ese encomio y buena voluntad frecuentemente se expresaban en términos de una oración de gratitud por la fe y la vida de los destinatarios.

Esta estructura que vemos aquí puede verse también en la carta a los Colosenses, en los versículos 1 y 2 está el saludo y la dedicatoria, y del 3 al 14 son una oración de acción de gracias por los colosenses, lo cual es una forma de encomio. En Romanos también aparece la misma fórmula, aunque con una presentación del autor algo más larga que las de Colosenses y Filipenses: (Ro

1:1-6) presentación de Pablo; (Ro 1:7) destinatarios y saludo; (Ro 1:8-12) acción de gracias por los Romanos. Lo mismo puede verse, con ligeras variantes, en el resto del epistolario paulino.

1:1 | Pablo: Como hemos dicho ya en el comentario a Colosenses, lo que frecuentemente se dice para explicar los dos nombres de Saulo/Pablo (que uno fue su nombre mientras perseguía a los cristianos y el otro fue su nombre después de su conversión) no es cierto. La diferencia de nombres tiene que ver más bien con el contexto en que Saulo/Pablo se encuentra. Véase más al respecto en el comentario a Colosenses 1:1.

y Timoteo: Timoteo fue uno de los principales y más constantes acompañantes de Pablo, como se ve tanto en Hechos como en el resto del epistolario de Pablo. Al reclutarle para que fuera su colega, Pablo tuvo que enfrentarse a una situación difícil: La madre de Timoteo era judía, y su padre era "griego", es decir, gentil. Puesto que los judíos contaban la descendencia judía por línea matriarcal, los judíos le considerarían judío. Pero el padre de Timoteo, por ser gentil, aparentemente no había querido que su hijo fuera circuncidado, cosa que no podría hacerse sin el consentimiento del padre, que en aquel tiempo tenía autoridad legal sobre toda la familia. En vista de tal situación, y para evitar crear un escándalo entre los judíos, Pablo hizo circuncidar a Timoteo, aunque su práctica común era decirles a los gentiles que se convertían que la circuncisión no era necesaria para la salvación. (También sobre esto hay más datos en el comentario a Colosenses).

Aunque Pablo dice que está escribiendo junto a Timoteo, veremos que pronto, en lugar de usar la primera persona plural ("nosotros"), escribe en singular ("yo"). Lo que es más, en 2:19 llegará a hablar de Timoteo en tercera persona. Algunos comentaristas sugieren que aquí se incluye el nombre de Timoteo para darle mayor autoridad ante los filipenses. Más adelante (2:19-24), Pablo dirá que les enviará a Timoteo, y que él mismo espera ir a Filipos en persona.

siervos de Jesucristo: En Colosenses, Pablo se presenta a sí mismo como apóstol "por la voluntad de Dios". Lo mismo hace con palabras más fuertes en Gálatas: "apóstol (no de hombres ni por hombre, sino por Jesucristo y por Dios el Padre que lo resucitó de los muertos)" (Gá 1:1). En cambio, aquí Pablo afirma que tanto él como Timoteo son "siervos" (es decir, esclavos) de Jesucristo. Ya desde el principio mismo de la carta vemos lo que decíamos en la Introducción acerca del carácter íntimo de esta carta. Pablo no está escribiendo ante todo porque tiene autoridad apostólica, sino más bien porque es siervo de Jesucristo y por tanto es también en cierto modo siervo de los destinatarios de la carta. En otras palabras, en lugar de reclamar una autoridad especial, Pablo se coloca al nivel de sus destinatarios. Posiblemente esto se deba, en parte al menos, a que su relación con los filipenses es tal que no hay serias dudas acerca de su autoridad, aunque más adelante sí veremos algunos problemas en el seno de aquella iglesia. El contraste entre Filipenses y Gálatas en cuanto a esto se ve también en el hecho de que, mientras en Gálatas Pablo afirma que está escribiendo, no solamente a nombre suyo y de Timoteo, sino con "todos los hermanos que están conmigo", aquí se contenta con mencionar a Timoteo.

a todos los santos: El darles el título de "santos" no quiere decir, como pensaríamos hoy, que eran personas particularmente devotas o virtuosas. En nuestro uso común, decir que alguien es un "santo" es afirmar su virtud y su devoción. Pero en realidad todo lo que está apartado para Dios es santo. Por eso hablamos de una "Tierra Santa", aunque sabemos que una tierra no puede ser más virtuosa que otra. Lo que la hace "santa" es lo que Dios ha hecho en ella. De igual manera, lo que hace que una persona sea "santa" no es que practique obras de caridad, o que ore mucho, o que evite todo pecado. Todo eso es bueno y necesario; pero no hace a nadie verdaderamente "santo". Lo que hace que algo o alguien sea "santo" es la presencia de Dios, el ser apartado por Dios para un propósito especial. Naturalmente, la santidad debe llevar a la virtud y a la devoción. Pero no son la virtud y la devoción las que producen santidad, sino que más es la santidad la que lleva a la virtud y la devoción.

Esto es de suma importancia, pues una manera errada de entender la santidad ha llevado a repetidos cismas. Si confundimos la santidad con la virtud, siempre habrá quienes se consideren más santos que los demás y se aparten de ellos para crear una iglesia verdaderamente santa. Una vez que nos lanzamos por tal camino, los cismas se repiten, pues entre esos que se separaron de los demás por creerse más santos habrá algunos que serán más "santos" que el resto, y que por tanto se separarán de ellos. Por eso, es de suma importancia que entendamos que lo que hace que la iglesia sea santa no es la virtud o pureza de sus miembros, sino la presencia de Dios en medio de ella. Esa presencia ha de llevar a la pureza y virtud; pero tal pureza y virtud no produce más santidad.

En Filipos: Véase lo que se dice en la Introducción acerca de la ciudad de Filipos y de los orígenes de la iglesia en ella, particularmente en lo que se refiere a las relaciones entre esa iglesia y Pablo.

con los obispos y diáconos: No era costumbre de Pablo abrir sus cartas dirigiéndose expresamente a los líderes reconocidos en la iglesia a que escribía con títulos tales como los que aquí se emplean. El contraste se vuelve más agudo si comparamos lo que Pablo dice de sí mismo en algunas de esas otras cartas. En algunas de ellas, no solamente se llama a sí mismo "apóstol", sino que refuerza esa autoridad. Aquí en Filipenses no se da el título de "apóstol", sino solamente el de "siervo de Jesucristo"; y entonces llama a los líderes en Filipos "obispos y diáconos". Esto deja bien claro, desde los inicios de la epístola, que no se trata ante todo de un mensaje de dirección o de corrección, como sucede en Gálatas, donde Pablo no solamente se llama "apóstol", sino que declara que su apostolado es "no de hombres ni por hombre, sino por Jesucristo y por Dios el Padre que lo resucitó de los muertos". La

Epístola a los Filipenses no es entonces una epístola de dirección, sino que es más bien lo que los estudiosos de la literatura de esa época llaman una "epístola de consolación", es decir, una carta cuyo propósito principal es darles ánimo a quienes la reciben, quienes posiblemente están pasando por tiempos de dificultades o de ansiedad.

1:2 | Gracia y paz a vosotros, de Dios nuestro Padre y del Señor Jesucristo: Tras decir quiénes escriben, y a quiénes la carta va dirigida, hay una breve palabra de saludo. El saludo deseando "gracia" y "paz" en nombre de Dios Padre y de Jesucristo es típico de las epístolas paulinas, tanto, que aparentemente algunos copistas, pensando que faltaba algo en alguna de las epístolas, se lo añadieron. Tal es el caso de Colosenses 1:2, donde algunos manuscritos incluyen las palabras "y del Señor Jesucristo", y otros no. En todo caso, nótese la estructura paralela, en la que se mencionan dos dádivas, gracia y paz, y dos donantes, Dios Padre y el Señor Jesucristo. Esto no quiere decir que la gracia venga del Padre y la paz del Hijo, sino que es más bien una estructura paralela común en la literatura antigua.

2

Acción de gracias e intercesión

1:3-11

3 Doy gracias a mi Dios siempre que me acuerdo de vosotros,
4 siempre en todas mis oraciones rogando con gozo por todos
vosotros, 5 por vuestra comunión en el evangelio, desde el pri-
mer día hasta ahora; 6 estando persuadido de esto, que el que
comenzó en vosotros la buena obra, la perfeccionará hasta el
día de Jesucristo; 7 como me es justo sentir esto de todos voso-
tros, por cuanto os tengo en el corazón; y en mis prisiones, y
en la defensa y confirmación del evangelio, todos vosotros sois
participantes conmigo de la gracia. 8 Porque Dios me es testigo
de cómo os amo a todos vosotros con el entrañable amor de
Jesucristo. 9 Y esto pido en oración, que vuestro amor abunde
aún más y más en ciencia y en todo conocimiento, 10 para que
aprobéis lo mejor, a fin de que seáis sinceros e irreprensibles
para el día de Cristo, 11 llenos de frutos de justicia que son por
medio de Jesucristo, para gloria y alabanza de Dios.

1:3 | Doy gracias a mi Dios: Aunque acaba de decir que está escribiendo junto a Timoteo, Pablo pasa inmediatamente a hablar en singular: "Doy gracias". Esto es parte de la nota de intimidad que caracteriza a la carta. "Damos gracias" le restaría algo a esa intimidad. Bien podemos suponer que Timoteo sería parte de esas oraciones; pero Pablo está subrayando su interés personal.

El verbo "dar gracias" (*eucharistó*) pronto adquirió una importancia singular para los cristianos. Este es el verbo que aparece en los Evangelios en las palabras de institución de la Santa Cena: "Tomó una copa y *habiendo dado gracias*... Tomó pan y, *habiendo dado gracias*" (Lc 22:17, 19). Y es también el verbo que Pablo emplea en el mismo contexto: "tomó pan y, *habiendo dado gracias*" (1 Co 11:23-24). El Nuevo Testamento no nos dice cómo se celebraba la Cena del Señor en la primerísima iglesia (aunque sí nos habla de que se reunían para partir el pan: Hch 2:46). Pero tan pronto como aparecen otros textos que hablan de la Cena, la acción de gracias en torno al pan y al vino tiene un lugar singular. Antes de participar de la comunión, se hacía una larga oración de gratitud, dando gracias no solamente por el pan y el vino, sino también por toda la obra de Dios a través de los siglos, y por toda la iglesia esparcida por toda la tierra. Puesto que era una oración de acción de gracias, se le llamaba la oración "eucarística". Por esa razón, se dio en llamar a la Santa Cena la "eucaristía".

1:3-4 | siempre que me acuerdo de vosotros, siempre en todas mis oraciones: Estas palabras pueden traducirse de diversas maneras, según la puntuación que se use. (En el griego de la época no había signos de puntuación, y por tanto hoy quien traduce el texto tiene que decidir dónde termina una cláusula y empieza otra, y cómo relacionar las diversas cláusulas entre sí). Además de la traducción de Reina-Valera 1960, la que estamos usando en este libro, esto podría traducirse de la siguiente manera: "Siempre doy gracias a Dios, acordándome de vosotros cada vez que oro por vosotros". Esto último parece concordar mejor con el tono general de la epístola, pues la traducción de Reina-Valera 1960 podría dar a entender que Pablo les está diciendo a los filipenses que los recuerda algunas veces, lo cual le restaría a la carta algo del espíritu de cercano amor que el resto de ella pone de manifiesto.

1:4 | siempre en todas mis oraciones: Estas palabras atenúan lo que dicen las traducciones más comunes del v. 3, que Pablo les recuerda de vez en cuando: "siempre que me acuerdo de vosotros".

ruego con gozo por todos vosotros: Nótese que la oración de Pablo es a la vez una petición y una acción de gracias. Ya dijo antes que daba gracias por ellos. Ahora les dice que lo hace "con gozo". Más adelante veremos que la vida cristiana no era fácil para los filipenses, quienes se enfrentaban a pruebas, peligros y tribulaciones. Por eso la oración de Pablo por ellos es ante todo de petición o intercesión. Pero al mismo tiempo es una oración gozosa. Las dificultades que enfrentan los filipenses, y las otras a las que se enfrenta Pablo, son serias, y es necesario orar por ellas. Pero esas dificultades no le quitan el gozo a la fe cristiana.

Esta es la primera vez que aparece en la epístola la palabra "gozo". Este es un tema que aparece tan frecuentemente en la carta que bien podríamos llamarla "la epístola del gozo cristiano".

1:5 | por vuestra comunión en el evangelio desde el primer día hasta ahora: Esto no quiere decir sencillamente que creían en el evangelio, y que por esa razón tenían buenas relaciones. La palabra *koinonía*, que normalmente se traduce por "comunión", ciertamente incluía la comunión, el afecto, las buenas relaciones. Pero era mucho más que eso. La *koinonía* incluía también la participación de los bienes. Por ejemplo, en Lucas 5:10, donde la Reina-Valera 1960 nos dice que Jacobo y Juan eran "compañeros" de Simón, lo que se traduce por "compañeros" es *koinonói*, partícipes en una *koinonía*. Esto quiere decir que eran socios en la posesión de la barca. Además, *koinonía* también quería decir lo que hoy entendemos por "comunicación", es decir, un traspaso de noticias y de ideas. Luego, la *koinonía* incluía no solo ni primeramente las buenas relaciones, sino también y sobre todo la participación en los recursos, y la comunicación entre sí y con los demás. En consecuencia, cuando Pablo dice que ruega por "vuestra comunión en el evangelio", puede estarse refiriendo a tres cosas.

En primer lugar, estas palabras pueden entenderse sencillamente como la unidad y buenas relaciones que los filipenses tienen entre sí gracias al evangelio. En segundo lugar, esas mismas palabras pueden entenderse en el sentido de que los filipenses participan en la comunicación del evangelio, es decir, que comparten con otros las buenas noticias que ellos han recibido y creído. Y, en tercer lugar, aquí probablemente hay una referencia a la generosidad de los filipenses, de la que Pablo da testimonio más adelante en esta misma epístola (4:10-19) y también en otros lugares. Los filipenses han contribuido notablemente a la colecta que Pablo hace para los pobres en Jerusalén. Han probado que tienen una *koinonía* con ellos. Y lo han hecho "desde el primer día hasta ahora".

1:6 | estando persuadido de esto: Esto no se refiere únicamente al pasado. No se trata únicamente del testimonio que Pablo ha visto en los filipenses, como si esa fuera la razón por la cual ora rogando y dando gracias por ellos. Pablo no necesita estar "persuadido" de lo que los filipenses han hecho o de lo que son. Ya les ha hablado del modo en que participan del evangelio. Se trata más bien de una esperanza, de algo de lo que Pablo está persuadido, no porque se lo han contado, sino por razón de su fe.

que el que comenzó en vosotros la buena obra, la perfeccionará hasta el día de Jesucristo: El sujeto de la acción no es ni Pablo ni los filipenses, sino Dios, **el que comenzó**. Al tiempo que Pablo felicita a los filipenses por lo que han hecho, les recuerda que **la buena obra** no es lo que ellos han hecho. Los filipenses han apoyado el ministerio de Pablo, y a causa de su fe, como parte de la "comunión del evangelio", han contribuido al sustento de los pobres en Jerusalén. Todo eso son buenas obras. Pero **la** buena obra en el sentido último no es de ellos, sino del que **comenzó** esa obra al principio y la continuará hasta el final. (En la referencia a Dios como "el que…" pueden oírse ecos de la vacilación de los judíos al referirse directamente a Dios, y por tanto su uso frecuente de circunlocuciones).

En cuanto a su contenido, **la buena obra** no es lo que hacen los filipenses, apoyar a los pobres en Jerusalén, participar de la comunión en el evangelio, etc. Es más bien lo que Dios hace en ellos. Bien podríamos decir que los filipenses son como una piedra que un escultor está tallando. La buena obra no es lo que hace la piedra. La buena obra es la piedra misma. Y quien hace esa buena obra es el escultor. Dicho de otro modo, por mucho bien que hagan, los filipenses no son el sujeto de la buena obra, no son quien la lleva a cabo, sino más bien el objeto de la buena obra. Los filipenses no hacen la buena obra, sino que ellos mismos son la buena obra.

También es importante notar que esa buena obra no es cada filipense. Pablo no dice, "el que comenzó en cada uno de vosotros", sino "el que comenzó **en vosotros**". Lo que Dios está haciendo en Filipos no es solamente crear mejores individuos. Lo que Dios está haciendo es más bien crear una nueva comunidad. Por eso la "comunión del evangelio" o la "participación" del evangelio es de importancia fundamental.

perfeccionará: La buena obra no está completa. Todavía le falta mucho a la piedra antes de llegar a ser la obra de arte que el escultor se propone. Pero el escultor continuará tallándola hasta el día final.

el día de Jesucristo: Este es el día en que, con el retorno del Señor, culminará la "buena obra" que el Señor está haciendo en los filipenses y en toda la iglesia.

1:7 | como me es justo sentir esto de todos vosotros, por cuanto os tengo en el corazón: La palabra **esto** se refiere a todo lo que antecede. El **por cuanto** es lo que justifica sentir **esto**. La razón fundamental que hace que Pablo tenga tales sentimientos hacia ellos es sencillamente que les tiene en el corazón. Si esto fuera todo, Pablo no estaría diciendo mucho, pues tenerles en el corazón es prácticamente lo mismo que sentir hacia ellos. Pero el **por cuanto**, la razón por la que tiene derecho a sentir todo esto por ellos, es mucho más, como vemos al leer el resto del versículo.

y en mis prisiones, y en la defensa y confirmación del evangelio, todos vosotros sois participantes conmigo de la gracia: Estas palabras se entienden mejor si cambiamos su orden, como sigue: "todos vosotros sois participantes conmigo de la gracia y en mis prisiones, y en la defensa y confirmación del evangelio". Pablo no está diciendo que los tiene "en mi corazón, y en mis prisiones", sino que los filipenses son participantes con él ante todo de la gracia de Dios; y, a consecuencia de esa gracia, también participan con él de sus prisiones, y de su defensa y confirmación del evangelio. Dicho eso, pasemos a una lectura más detallada del versículo.

todos vosotros: Nótese una vez más el carácter colectivo de la frase. Bien parecería que el afecto de Pablo sería más notable si dijera "cada uno de vosotros". Si una madre o un padre de muchos hijos dijera "yo los quiero a cada uno de ustedes", eso parecería mejor que "yo los quiero a todos ustedes". Pablo no está hablando de su amor hacia cada filipense en particular, sino más bien de su amor hacia la iglesia de Filipos, hacia la comunidad de fe.

sois participantes conmigo: Lo que aquí se traduce por "participantes" es *synkoinonói,* lo cual sería casi como decir "co-compañeros". (El prefijo *syn* quiere decir juntamente; y ya hemos discutido lo que significa la palabra *koinonía*). Por tanto, la palabra misma, *synkoinonói,* subraya el carácter comunitario de lo que Pablo está diciendo. No son solamente compañeros, sino copartícipes en absoluto.

de la gracia: La coparticipación cristiana es ante todo un compartir de la misma gracia. Esto se menciona primero, porque la gracia de Dios es la raíz de la coparticipación en todo lo demás a que Pablo va a referirse.

y en mis prisiones: Esta frase y su contexto podrían entenderse como "cuando estoy preso", etc. Pero la traducción de Reina-Valera 1960 es la más probable y generalmente aceptada. La otra traducción daría a entender que Pablo ya ha hecho, al menos una vez, una defensa formal del evangelio. Esta es la primera de cuatro alusiones de Pablo a su condición de prisionero, todas ellas en este primer capítulo de la epístola.

y en la defensa y confirmación del evangelio: Esto podría dar a entender que Pablo se está refiriendo a dos cosas: primero la defensa, y luego la confirmación. Pero la falta de un artículo en griego (al igual que en nuestra traducción, que no dice "en la defensa y *en la* confirmación del evangelio") indica que se trata de una sola realidad, con dos énfasis diferentes, como cuando alguien se lamenta de "mis dolores y sufrimientos", y no de "mis dolores y mis sufrimientos". Los dolores y sufrimientos son en realidad dos modos de decir lo mismo, aunque con diferentes énfasis. Aquí en Filipenses, la **defensa**, se refiere más bien al aspecto combativo de la predicación, a responder a objeciones, defender posturas, etc. Es la palabra que se emplearía también para la defensa de un acusado en un juicio. La **confirmación** tiene connotaciones más positivas, pues incluye no solamente la dimensión de confirmar, sino también la de establecer y fortalecer. También en esto los filipenses comparten las labores de Pablo.

1:8 | Porque Dios me es testigo: Lo que estoy diciendo no es falso ni exagerado. Que nadie lo ponga en duda, pues mi testigo es nada menos que Dios. Tal testigo es necesario, no solamente porque su testimonio es seguro, sino también porque Pablo va a declarar sus propios sentimientos con palabras fuertes, y desea que no quede duda alguna al respecto.

de cómo os amo a todos vosotros: El verbo que aquí se traduce por "os amo" no es la palabra que más comúnmente expresa esa idea en el Nuevo Testamento (*agapó*). Es otra palabra, en cierto sentido más fuerte, el verbo *epipothéo*, que expresa añoranza, deseo, necesidad. Quizá en el lenguaje de hoy diríamos, "cuánto es extraño y necesito". Es como si la ausencia de los filipenses dejara un vacío en el corazón de Pablo.

con el entrañable amor: La traducción de Reina-Valera 1960 es afortunada, pues la raíz de la palabra griega que Pablo usa quiere decir "órganos vitales", o "entrañas", aunque en realidad no se refiere a los intestinos, sino más bien a órganos vitales tales como el corazón, el hígado y los pulmones. Hoy diríamos "con lo más profundo de mi ser" o "de todo corazón". Esto hace aún más fuerte lo que Pablo acaba de decir sobre el amor que siente hacia los filipenses: un amor que implica necesidad, añoranza. Una traducción literal sería "os deseo a todos vosotros en las entrañas de Jesucristo". La traducción de Reina-Valera 1960, al tiempo que expresa lo profundo del amor a que Pablo se refiere, no expresa con tanta fuerza el hecho de que ese amor tiene sus raíces más profundas en Jesucristo mismo, como vemos a continuación.

de Jesucristo: Aquí Pablo nos sorprende. ¡No está hablando en primer lugar de su amor, sino del de Jesucristo! Si el amor a que Pablo se refiere es el de Jesucristo, esto quiere decir que es Jesucristo quien ama tanto a los filipenses como al propio Pablo con un amor entrañable. Es Jesús quien en sus propias entrañas siente añoranza, deseo por Pablo y por los filipenses. ¡Y es nada menos que con ese amor que Pablo también ama a los filipenses! Pablo no los ama únicamente con su propio amor, sino también y sobre todo con el amor de Cristo. Ese amor de Cristo, como dirá más adelante en la epístola, le llevó a tomar forma humana y a ir con ella hasta la cruz. Amar con el amor de Cristo es entonces amar con ese amor, imposible para los humanos por cuenta propia, en el que ningún sacrificio es demasiado para el verdadero bien, el bien eterno, del amado. (Compárese esto con Ef 5:25: "Cristo amó a la iglesia y se entregó a sí mismo por ella"). Todo esto es posible únicamente porque Pablo y los filipenses son "copartícipes en la gracia".

1:9 | Y esto pido en oración: Este es el contenido de la oración constante por los filipenses a que se refiere en 1:4.

que vuestro amor abunde aun más y más en ciencia y en todo conocimiento: Al referirse a **vuestro amor**, inmediatamente después de lo que acabamos de ver acerca del amor entrañable que es el amor de Cristo (y también el amor de Cristo que Pablo dice tener para con los filipenses), Pablo les está diciendo que también el amor (en este caso usa la palabra más común, *agápe*) de ellos no ha de ser solamente su propio amor, sino también el amor de Cristo actuando en ellos. Este amor ha de abundar más y más, es decir, no es cosa fija, terminada, sino que requiere crecimiento. Y ese crecimiento no es, como frecuentemente pensamos, solamente un crecimiento en intensidad. Las palabras de Pablo apuntan hacia otra clase de crecimiento: **en ciencia y en todo conocimiento**. Estas dos palabras requieren explicación, pues su significado hoy no es lo mismo que fue antes. La palabra que aquí se traduce por "ciencia" (*epígnosis*) no es lo que hoy entendemos por ciencia (la biología, astronomía, etc.), sino que es más bien una profunda sabiduría y entendimiento de la vida y de todo su entorno. En su Diálogo con Trifón, Justino (siglo II) dice que la filosofía es la *epistéme* (el conocimiento) del ser y la *epígnosis* (el profundo conocimiento) de la verdad, y que esa filosofía lleva a la felicidad (*Dial.* 3.4). Aquí, en Filipenses, Pablo no habla de una *epistéme*, de un saber acerca del mundo y de las cosas, palabra de la que deriva nuestro término "epistemología", teoría del conocimiento. Habla más bien de una *epígnosis* y de una *aísthesis*. La primera es un conocimiento profundo de la realidad, y en este contexto parece referirse al conocimiento de Dios y de su voluntad. La segunda es la sabiduría o discernimiento que ayuda a tomar decisiones correctas. Quizá, usando palabras a tono con el uso de hoy, podríamos traducir lo que Pablo dice como: "abundéis cada vez más en conocimiento y en sabiduría".

Todo esto quiere decir, en primer lugar, que no basta con tener una experiencia de conversión, y luego seguir adorando y sirviendo a Dios de la misma manera. Si los primeros versículos de este pasaje hablan de un amor entrañable, este versículo nos recuerda que tal amor no es solamente un sentimiento, sino que también requiere crecer en conocimiento y en sabiduría. Quien verdaderamente ama a Dios querrá entenderle mejor, y aprender cómo servirle mejor. Pero al mismo tiempo no basta con un conocimiento sin sabiduría, ni tampoco de una sabiduría sin conocimiento. No basta con conocer la Biblia, sino que también hay que vivirla. No basta con vivir la fe, sino que también, en la medida de nuestra capacidad humana, hay que conocerla.

1:10 | para que aprobéis lo mejor: La palabra que aquí se traduce como **mejor** (que aparece también en Ro 2:18) ha sido interpretada de diferentes modos desde tiempos antiguos. Para unos, lo mejor es el amor a que Pablo se refiere más arriba, y lo que el Apóstol desea es que los filipenses tengan el más alto grado del amor. Para otros, lo mejor es lo que el conocimiento y la sabiduría ayudan a discernir, de modo que se pueda distinguir entre lo efímero y lo verdaderamente importante.

Para aprobar lo mejor, es necesario tener conocimiento y sabiduría. Sin ellos, podemos cometer errores graves. Sin conocimiento, podemos decir cosas que son contrarias a la verdad, con lo cual desvirtuamos nuestro testimonio, por muy sincero que sea. Sin sabiduría, podemos herir al prójimo sin siquiera darnos cuenta de lo que estamos haciendo, y actuando muy sinceramente. Lo que Pablo pide para la iglesia de los filipenses, y lo que debemos pedir para nuestra iglesia hoy, es que crezca en conocimiento y en sabiduría. Y también debemos pedir que no pretenda que hay oposición entre la mente y el corazón, como si Pablo no hubiera dicho, precisamente por su amor entrañable, que debemos abundar cada vez más en conocimiento y en sabiduría.

a fin de que seáis sinceros e irreprensibles: Pablo pide que tengan dos cualidades particulares: que sean **sinceros**, por una parte; pero también que sean **irreprensibles**. Ciertamente, la hipocresía es mala y debemos evitarla; pero no basta con ser sinceros para "aprobar lo mejor". Frecuentemente oímos decir que no importa lo que se piense, pues lo importante es la sinceridad. Pero la vida y la historia prueban todo lo contrario. Muchos de los conquistadores que cometieron atropellos contra los habitantes originales de las Américas eran creyentes sinceros. Creían lo que se les había enseñado. Sobre la base de esas creencias sinceras justificaron opresiones, robos y matanzas. Eran sinceros, pero no aprobaron "lo mejor", porque no abundaron en ciencia y en conocimiento, o en conocimiento y sabiduría.

Solamente aprobando lo mejor se puede ser a la vez sincero e irreprensible. Sinceros fueron muchos de los conquistadores; pero muchas de sus acciones fueron reprensibles. Tenían conocimientos superiores a los de los indígenas; pero por falta de sabiduría frecuentemente usaron ese conocimiento para mal. Muchos otros han sido a la vez insinceros y reprensibles. Tales han sido muchos de los dictadores y políticos que nuestro mundo ha sufrido y sigue sufriendo todavía. Dicen y prometen lo que sea necesario para llegar al poder. Apelan a las más bajas emociones y prejuicios de la población. Y cuando llegan al poder, hacen lo que más les conviene a ellos y sus seguidores, como si el bienestar del resto de la población no importara.

para el día de Cristo: Es decir, para el día del juicio, cuando se determinará quién ha sido sincero e irreprensible. El aprobar lo mejor no se refiere únicamente al presente, sino también y sobre todo al final. La medida de lo "mejor" que hemos de aprobar no es lo más conveniente, ni lo que la sociedad considera mejor, ni lo que otros nos aconsejan, sino que es más bien lo que de algún modo refleja y se prepara para el **día de Cristo**.

1:11 | llenos de frutos de justicia: Ideas y frases semejantes aparecen frecuentemente en el Antiguo Testamento. Por ejemplo, en Amós 6:12 se acusa a quienes han convertido "el fruto de justicia en ajenjo". La justicia es buena; pero no en sí misma, sino más bien en sus frutos. Frecuentemente hablamos de "justicia" cuando en realidad queremos decir venganza; o cuando la supuesta justicia llevará a peores males. La justicia que Pablo les desea a los filipenses es una justicia que dé frutos justos.

por medio de Jesucristo, para gloria y alabanza de Dios: Pablo aclara que estos "frutos de justicia" no se alcanzan mediante el cumplimiento de la Ley, sino mediante Jesucristo. No se trata de la justicia que se alcanza por la Ley, sino de la justicia que se recibe de Jesucristo mediante la fe en él. Pero esto no es contrario a la voluntad y designio de Dios, quien es también dador de la Ley, sino que su propósito, al igual que el de la Ley, es la **gloria y alabanza de Dios**.

3

Victoria en la prisión

1:12-18

[12]Quiero que sepáis, hermanos, que las cosas que me han su-
cedido han redundado más bien para el progreso del evangelio,
[13]de tal manera que mis prisiones se han hecho patentes en
Cristo en todo el pretorio, y a todos los demás. [14]Y la mayoría
de los hermanos, cobrando ánimo en el Señor con mis prisiones,
se atreven mucho más a hablar la palabra sin temor.

[15]Algunos, a la verdad, predican a Cristo por envidia y con-
tienda; pero otros de buena voluntad. [16]Los unos anuncian a
Cristo por contención, no sinceramente, pensando añadir aflic-
ción a mis prisiones; [17]pero los otros por amor, sabiendo que
estoy puesto para la defensa del evangelio. [18]¿Qué, pues? Que
no obstante, de todas maneras, o por pretexto o por verdad,
Cristo es anunciado; y en esto me gozo, y me gozaré aún.

1:12 | Quiero que sepáis: Como haríamos hoy en cualquier carta, tras el saludo inicial Pablo pasa a dar noticias de sí mismo. Pero no se trata de hechos escuetos, sencillamente contándoles lo que sucede. Posiblemente quisiéramos que Pablo nos dijera más acerca de las condiciones en que se encuentra: dónde está preso, de qué le acusan, etc. Pero aparentemente los filipenses han estado al tanto de la situación de Pablo, pues este no se ocupa de informarles que está preso, de cuál es su situación entre las autoridades, u otras cosas semejantes. En lugar de tal información, lo que Pablo les ofrece a los filipenses es una interpretación diferente de las realidades en que se encuentra. Como veremos en el resto de la carta, en cierto modo esto es uno de los temas principales de toda la epístola: la invitación a ver el mundo, y vivir en él, como ciudadanos del cielo (3:20).

hermanos: En griego, como en español, portugués y muchas otras lenguas, cuando en un grupo hay personas o elementos de dos géneros, se usa el plural en su forma masculina. Así, si le preguntamos a alguien cuántos "hijos" tiene, bien puede responder que tiene tres hijos, un varón y dos mujeres. Luego, el que aquí Pablo se refiera a los "hermanos" no quiere decir en modo alguno que la carta vaya dirigida únicamente a los varones en la iglesia de Filipos. Tenemos un ejemplo de esto en los escritores antiguos que dicen que entre los faraones de Egipto los "hermanos" se casaban entre sí para pasarles a su prole su supuesta sangre divina. En el resto de la epístola, Pablo se dirigirá repetidamente a sus lectores como "hermanos" (1:14; 3:1, 13, 17, 4:1, 8). Pero ciertamente esto incluye a las hermanas.

las cosas que me han sucedido: Pablo no cuenta ni explica lo que le ha sucedido. Aparentemente los filipenses saben de tales acontecimientos. En todo caso, más adelante les dirá que espera mandarles a Timoteo y a Epafrodito (2:19-30). En el resto de la carta hablará de sus "prisiones" como cosa de que los filipenses están al tanto. También les dará algunas noticias suyas. Pero lo primero que Pablo quiere hacer no es informarles acerca de sus propios asuntos, sino enseñarles a ver esos asuntos y cualesquiera otros desde una perspectiva diferente.

que las cosas que me han sucedido han redundado más bien para el progreso del evangelio: Esta es la tesis principal de todo este párrafo. Todo lo que ha sucedido, y de lo cual los filipenses saben al menos algo, no ha sido únicamente para mal, sino que más allá del mal ha redundado "para el progreso del evangelio". El adverbio que se traduce como "más bien" no da la idea de una oposición radical, como si Pablo dijera que las cosas malas que le han sucedido no son en realidad malas. Lo que quiere decir es que, al tiempo que sufre todo ese mal, Pablo ve a Dios usándolo para sus designios divinos. Pablo no es un estoico que pretenda no sentir el mal que se le inflige. Pablo no es ni siquiera un filósofo que se diga: "esto que me sucede no importa, pues es pura ilusión pasajera". Pablo se queja repetidamente de los males que sufre; pero está convencido de que Dios usará esos males para bien.

La frase "el progreso del evangelio" se enriquece si la entendemos a la luz del sentido mismo del término "evangelio". Si el evangelio es una "buena noticia", su progreso consiste en la divulgación de esa noticia. El evangelio no "progresa" únicamente cuando hay resultados notables, cuando multitudes se convierten. El evangelio, la noticia misma, "progresa" cada vez que se le proclama, cada vez que se les comunica a otros. Ciertamente, buscamos que las personas se conviertan. Pero aun quienes se niegan a creer no detienen el progreso del evangelio. El solo hecho de anunciarlo y que otros lo escuchen ya es progreso. En este pasaje, Pablo no menciona las conversiones. Lo que subraya es la predicación y divulgación de las buenas nuevas.

1:13 | mis prisiones se han hecho patentes en Cristo: La construcción gramatical puede dificultar la comprensión de esta frase. El sentido no parece ser que las prisiones mismas se hayan manifestado en Cristo, sino, más bien, lo que se ha manifestado es que las prisiones de Pablo son "en Cristo", es decir, a causa de él, o en su servicio. La Reina-Valera 1995 dice: "en todo el pretorio y entre todos los demás se ha hecho evidente que estoy preso por causa de Cristo". La Dios Habla Hoy dice: "mi prisión ha servido para dar testimonio público a la gente del palacio y a todos los demás". La Biblia de Jerusalén dice: "se ha hecho público en todo el Pretorio y entre todos los demás, que me hallo en cadenas por Cristo". En una palabra, lo mejor parece ser entender, no que las prisiones de Pablo se hayan manifestado en Cristo, sino más bien que se ha mostrado que Pablo está preso a causa de Cristo.

en todo el pretorio: Originalmente, el "pretorio" era la tienda de un general (un *praetor*) o su cuartel general. En tiempos de Pablo, "el pretorio" podía entenderse de otras maneras. Puesto que un gobernador de provincia frecuentemente tenía el título de *praetor*, su residencia o palacio frecuentemente se llamaba el "pretorio". Es así que se usa la palabra en buena parte del Nuevo Testamento. El pretorio del gobernador en Jerusalén tiene un lugar importante en la historia de la pasión en los Evangelios. En Hechos 23:35 "el pretorio de Herodes" parece incluir calabozos. En tal caso, el "pretorio" a que Pablo se refiere aquí podría ser el cuerpo de sus guardas. Por otra parte, si, como sugieren algunos, esta carta fue escrita mientras Pablo estaba prisionero en Roma esperando juicio, la referencia podría ser a la guarda pretoriana, que custodiaba al emperador. Es así que la mayoría de los antiguos escritores cristianos entiende este pasaje. Si esa interpretación es correcta, sería un índice de la rápida expansión del mensaje cristiano. Dicho todo eso, es necesario reconocer que, debido a la inexactitud de la palabra misma, "pretorio", es imposible determinar cuál de esas posibilidades es la correcta.

todos los demás: ¿Serían otros prisioneros? ¿Serían parte del personal encargado de los presos? Lo único que podemos afirmar es que se trata de personas que no son parte del pretorio.

1:14 | la mayoría: Lo que Pablo va a decir no es cierto de todos, pues si hay una "mayoría" debe haber también una minoría que ha tomado otro camino. Puesto que estos se cuentan entre los "hermanos", bien podemos pensar que la actitud de los tales le causaría dolor a Pablo. Pero en todo el resto de la epístola no se queja de ellos, ni les ataca. Sencillamente están ahí, y Pablo parece dejar en manos del Señor lo que será de ellos.

cobrando ánimo en el Señor con mis prisiones: Afirmación que a simple vista parece contradictoria. Si Pablo estaba preso, era de esperarse que quienes compartían su fe se amedrentaran, o al menos ocultaran sus pensamientos. Pero lo que sucede es todo lo contrario: Pablo les dice a los filipenses que, en lugar de esconderse o al menos de callar, los que estos discípulos hicieron ante lo que Pablo llama "mis prisiones" fue cobrar más ánimo y hablar con mayor atrevimiento. Esto concuerda con lo que Pablo dice repetidamente, acerca de cómo cuando es débil su poder se acrecienta. Y concuerda también con el himno que aparecerá en el próximo capítulo, que invita a los creyentes a imitar el sentimiento de Cristo, quien fue obediente hasta la muerte de cruz, y Dios le ensalzó hasta lo sumo.

Este versículo nos presenta otra cuestión de interpretación: ¿Cómo hemos de entender la frase "en el Señor"? Gramaticalmente, sería posible unirla a "hermanos", y decir entonces "hermanos en el Señor". Pero tal afirmación parece redundante, pues si son hermanos lo son en el Señor. También puede entenderse como referente a "mis prisiones", en cuyo caso el pasaje se traduciría: "cobrando ánimo con mis prisiones en Cristo". Por último, las mismas palabras pueden entenderse como aparece en la traducción que empleamos aquí: "cobrando ánimo en el Señor". Es así que lo entiende la mayoría tanto de los más antiguos autores cristianos como de los eruditos contemporáneos.

En todo caso, bien podemos decir que lo que Pablo está escribiendo aquí son palabras de inspiración para los filipenses. Aparentemente Pablo veía las dificultades que se cernían sobre toda la iglesia, y quería preparar a los filipenses, de modo que al verse en tales dificultades respondieran atreviéndose a predicar con mayor denuedo. En Hechos, Lucas nos dice que cuando el Sanedrín castigó a los apóstoles por hablar con valentía, tanto ellos como toda la iglesia piden que se les dé más valentía para seguir hablando. Algún tiempo más tarde, en medio de la persecución,

Tertuliano haría su famosa aseveración, que la sangre de los mártires es semilla de fe.

1:15 | Algunos, a la verdad, predican a Cristo por envidia y contienda: Es interesante notar que Pablo acaba de decir que, por razón de sus prisiones, "los hermanos [...] se atreven mucho más a hablar la palabra sin temor", pero inmediatamente declara que no todos predican o hablan por buenas razones. No está claro que estos que "predican a Cristo por envidia y contienda" son parte de la "mayoría" que ha cobrado nuevo ánimo, o si son parte de la minoría que en el versículo anterior solamente se vislumbra tras la referencia a la "mayoría".

Nótese que aquí las dos clases de predicadores se contrastan tres veces. (1) Algunos [...] predican a Cristo por envidia y contienda; pero otros de buena voluntad. (2) Los unos anuncian a Cristo por contención, no sinceramente, pensando añadir aflicción a mis prisiones; los otros por amor, sabiendo que estoy puesto para la defensa del evangelio. (3) por pretexto o por verdad. Esa repetición paralela subraya el contraste entre ambos grupos, y de la mayor fuerza al modo en que Pablo responde a quienes predican por contención, envidia, o pretexto.

Nótese también que, mientras en el versículo anterior Pablo dice que "hablan" la palabra, aquí dice que "predican". Ambos verbos se refieren a la palabra hablada; pero el segundo es más fuerte, y podría traducirse como "proclamar". Luego, parece ser que Pablo está diciendo que "los hermanos" en general dan un testimonio más atrevido, aquí se está hablando de quienes proclaman el mensaje de una manera más formal.

predican a Cristo: Mucho se ha discutido acerca de quiénes eran estas personas de cuya predicación Pablo se queja. Una opinión común, sobre todo en la antigüedad, es que se trata de "judaizantes". Ese mismo nombre es ambiguo, pues algunos piensan que los llamados "judaizantes" eran judíos conversos al cristianismo que persistían en sus prácticas judías y la necesidad de obedecer todos los preceptos de la Ley, mientras otros sostienen que los tales "judaizantes" no eran en realidad judíos, sino gentiles quienes, habiendo aceptado la predicación cristiana, querían ir más allá, propugnando la obediencia a todos los preceptos de la Ley. Ciertamente, en otros lugares, particularmente Gálatas, Pablo arremete contra los judaizantes, y por tanto es dable pensar que es a ellos que se refiere al decir que predican por envidia y contienda.

Frente a tal interpretación, otros señalan que las palabras de Pablo en otros contextos, y más adelante en Filipenses, acerca de los judaizantes no son fáciles de compaginar con lo que Pablo dice aquí sobre estas personas. En Gálatas, tal predicación es "un evangelio diferente" (Gá 1:6), y que "si alguien os predica un evangelio diferente, sea anatema" (Gá 1:9). Aquí, en Filipenses, Pablo critica a estos otros predicadores, no por su doctrina, sino solamente por su motivación: por su espíritu envidioso y contencioso. Lo que es más, cabe notar que en este versículo Pablo afirma que tanto estos individuos contenciosos como los otros de mejor ánimo "predican a Cristo". No es que estén negando a Cristo. No es que estén enseñando alguna doctrina falsa. No hay una palabra de corrección, ni indicación alguna de que Pablo piense que lo que dicen esté errado. Lo único que Pablo critica en ellos es su motivación, que contrasta con la "buena voluntad" de los otros.

pero otros: Aquí se introduce el contraste entre "algunos" que predican por motivos cuestionables, y "otros" que lo hacen "de buena voluntad". Pablo abundará más sobre este contraste en los próximos dos versículos (16-17), para luego llegar a una conclusión en el 18.

La "envidia" que Pablo les atribuye a estos predicadores incluye mala voluntad, desprecio, denigración. Y la "contienda" incluye rivalidades, querellas, y desacuerdos innecesarios.

1:16-17 | Los unos [...] los otros: En estos dos versículos Pablo amplía lo que dijo en el versículo anterior.

Lo hacen por contención, no sinceramente, pensando añadir aflicción a mis prisiones: Pablo añade a lo que acaba de decir acerca de la motivación de estas personas. La "envidia" y la "contención" parecen dirigirse personalmente contra Pablo, pues quienes hacen tal cosa lo hacen **pensando añadir** a **las prisiones** de Pablo. Es decir, predican porque piensan que de ese modo harán sufrir a Pablo. En cambio, **los otros** lo hacen por **amor**. Pablo no aclara si es por amor a él, en contraste con la envidia de los otros predicadores, o si lo hacen por ese amor a que se refirió antes como el amor entrañable de Jesucristo.

1:18 | ¿Qué, pues? Que no obstante, de todas maneras, o por pretexto o por verdad, Cristo es anunciado; y en esto me gozo, y me gozaré aún: Aquellos a quienes Pablo se ha referido como predicadores por envidia y contienda, ahora se caracterizan como predicadores **por pretexto**. La palabra que Pablo usa aquí, *prófasis*, quiere decir excusa, falsa explicación, intento de ocultar las verdaderas razones, y por eso Pablo la usa como resumen de todo lo que acaba de decir acerca de estos predicadores.

Ese contraste repetido entre unos y otros predicadores le da fuerza especial a la amplitud del juicio de Pablo. No dice que esté bien predicar por envidia, contención o pretexto. Pero sí dice que en fin de cuentas, aunque tras la predicación de algunos haya motivos indignos, lo que importe es que aun en tales casos **Cristo es predicado**.

Esto puede sorprendernos, pues en otras epístolas Pablo no se muestra tan tolerante. En Gálatas, por ejemplo, encontramos palabras fuertes contra otros predicadores: "si aun nosotros, o un ángel del cielo, os anuncia un evangelio diferente del que os hemos anunciado, sea anatema" (Gá 1:8). ¿Será que Pablo dice una cosa en Filipenses, y otra en Gálatas? Ciertamente, no. Lo que sucede es más bien que cuando les escribe a los filipenses, los predicadores a quienes critica no estaban anunciando un evangelio diferente. El problema no era un mensaje diferente, sino una motivación diferente. En contraste, lo que estaba aconteciendo a Galacia cuando Pablo les escribió era que algunos habían llegado a la región diciendo que lo que Pablo decía respecto a la Ley no era verdad, y que era necesario guardar la Ley de Moisés, incluso en materias tales como la circuncisión. Pablo no quiere poner en duda el que la Ley haya sido dada por Dios, cosa que algunos se atrevían a negar. Pero tampoco quiere darle a la Ley una vigencia absoluta, de modo que los gentiles, ya sean paganos o ya "temerosos de Dios", deban circuncidarse y guardar todos los otros preceptos de la Ley. La respuesta de Pablo al reto que había surgido en Galacia evita esos dos extremos: "De manera que la Ley ha sido nuestro guía para llevarnos a Cristo, a fin de que fuéramos justificados por la fe. Pero ahora que ha venido la fe, ya no estamos bajo un guía, porque todos sois hijos de Dios por la fe en Cristo Jesús" (Gá 3:24-26, RVR1995). Esto es lo mismo que afirma en Colosenses, aunque con otras palabras y otra metáfora, no ya la de un ayo, sino ahora la de una sombra: "Todo esto es sombra de lo que ha de venir; pero el cuerpo es de Cristo" (Col 2:17). En resumen, Pablo está dispuesto a aceptar la predicación de personas con diferentes motivaciones, pero no la predicación de un evangelio diferente, y por tanto de un falso "evangelio".

Todo esto tiene pertinencia particular en nuestros días. Sabemos de sobra que, mientras muchos predican y dan testimonio con un profundo espíritu de dedicación y hasta de sacrificio, también hay otros que parecen utilizar su predicación como un modo de enriquecerse. Esto bien puede causarnos preocupaciones, como aparentemente preocupaba a los creyentes en Filipos. Pero, si seguimos el ejemplo de Pablo, tendremos que concluir que "**de todas maneras, o por pretexto o por verdad, Cristo es anunciado**"; y nuestra actitud deberá ser entonces la de Pablo: "**en esto me gozo**". Pero al mismo tiempo no debemos olvidar las palabras de Gálatas, que si alguien pretende predicar un "evangelio" diferente, ha de ser anatema, hemos de rechazarle.

Lo que se encuentra detrás de todo esto es algo que fácilmente se nos olvida: que lo importante no es quién predica o por qué predica, sino lo que predica. En cuanto a quién predica o por qué lo hace, todo esto ha de ser juzgado en el día final. En el evangelio, tenemos un "tesoro en vasos de barro" (2 Co 4:7). En fin de cuentas, sea que prediquemos **por envidia y rivalidad** o **de buena voluntad**, **por pretexto o por verdad**, seguimos siendo pobres vasos de barro. Nuestra valía no está en quiénes somos, sino más bien en este tesoro a Quién predicamos. Quizá podamos cubrirnos de oro, de fama y de seguidores; pero seguimos siendo vasos de barro. Lo importante no es el vaso; no es la manera en que se habla, cómo se modula la voz, si se grita o no, si las palabras son elocuentes o no, sino si aun a través de nuestro barro se hace relucir el tesoro que predicamos. Si lo que reluce no es ese oro, bien podemos unirnos a juicio de Pablo: "¡sea anatema!".

Es por esto que, aunque en Gálatas escribe palabras fuertes contra quienes predican un falso evangelio, aquí en Filipenses declara que si el evangelio es predicado, ya sea por razones legítimas o por otras no tan dignas, su respuesta será siempre la misma: **en esto me gozo, y me gozaré aún**.

El gozo es tema central en toda esta epístola. Ya apareció antes en el v. 4, donde Pablo declara que ruega por los filipenses "con gozo". Allí vimos que el gozo a que se refiere Pablo no depende de las circunstancias que se presenten, sino de una esperanza inconmovible. Aquí, el gozo es el mismo, aunque se presente en otro contexto, no como al principio del capítulo, en el contexto de la fe de los filipenses, sino ahora en el de la predicación del evangelio.

Si solamente eso fuera el gozo que Pablo expresa en estas palabras, ese gozo dependería de saber que otros predicaban el evangelio. Ciertamente, tal cosa es motivo de gozo, y Pablo lo deja bien claro. Pero ahora la palabra **siempre** nos hace ver que no se trata de un gozo pasajero, o de un gozo que se base en las circunstancias del momento. El gozo de Pablo cuando oye de la fe de los filipenses no pasará si oye otra cosa acerca de ellos. Y su gozo ante la predicación del evangelio tampoco pasará si esa predicación se ve estorbada. Es más bien un gozo de **siempre**.

Lo que esto quiere decir lo demuestra Pablo en los versículos que siguen.

4

Un gozo firme

1:19-21

[19] Porque sé que por vuestra oración y la suministración del
Espíritu de Jesucristo, esto resultará en mi liberación, [20] confor-
me a mi anhelo y esperanza de que en nada seré avergonzado;
antes bien con toda confianza, como siempre, ahora también
será magnificado Cristo en mi cuerpo, o por vida o por muerte.
[21] Porque para mí el vivir es Cristo, y el morir es ganancia.

1:19 | Porque sé: Continúa la oración anterior, en la que Pablo hablaba de su gozo al saber que el evangelio era predicado. Ahora va a decirnos más acerca de la razón de su gozo. Esa razón no es solamente la que dijo antes, que "por pretexto o por verdad, Cristo es anunciado". Si esa fuera la única razón, el gozo de Pablo dependería de las noticias que recibiera sobre el anuncio del evangelio. Ciertamente, esas noticias le causan alegría. Pero Pablo está hablando de un gozo que es mucho más profundo que cualquier alegría que pueda producirnos alguna noticia favorable. El gozo de Pablo se fundamenta en su declaración tajante: **sé**. No "creo", ni "pienso", ni "confío", sino **sé**.

Lo que sigue inmediatamente bien puede llevarnos a pensar que eso que Pablo sabe es que, gracias a las oraciones de los fieles y a la obra del Espíritu Santo, va a ser librado de su prisión: **que por vuestra oración y la suministración del Espíritu de Jesucristo, esto resultará en mi liberación**. Lo que aquí se traduce por "liberación" literalmente dice "salvación": *sotería*. Tal traducción es apropiada, pues en la Biblia la "salvación" no es solamente ir a vivir con Dios, sino que es también la vida plena, la vida que Dios le da al pueblo al sacarle de Egipto, y la vida que Jesús les promete a sus discípulos.

Si traducimos esa palabra como "liberación", lo cual es preciso decir una vez más, es perfectamente apropiado, veremos que Pablo parece estar diciendo sencillamente lo que muchas veces decimos: que Dios responde a nuestras oraciones mediante la obra del Espíritu. Y también está diciendo que espera que esto resultará en su **liberación**, y de ese modo se cumplirá su anhelo y esperanza de que **en nada** será **avergonzado**. Sus oraciones y las de los fieles recibirán una respuesta tal que, como él dice, **será magnificado Cristo en mi cuerpo**.

Hasta aquí, bien podríamos pensar que Pablo se goza porque sabe que, como se dice comúnmente, "todo va a salir bien": que él será librado de sus prisiones, y que esa misma liberación redundará en que él mismo no será **avergonzado**, al tiempo que Cristo será **magnificado**. Así quedará probado que la fe de Pablo no es en vano, y que Cristo es verdaderamente quien Pablo dice que es. Todo esto bien puede producir en nosotros gran alegría y confianza: si oramos y obedecemos, todo nos va a salir bien.

Pero entonces Pablo mismo nos hace ver que las cosas no son tan sencillas ni tan seguras. Dice que Cristo será magnificado en su cuerpo **o por vida o por muerte**. Si pensáramos que con la oración se resuelve todo, de tal manera que lo que pidamos nos será dado, Pablo nos advierte que las oraciones de los fieles y la acción del Espíritu pueden tener resultados diferentes de lo que los fieles piden y de lo que su anhelo y esperanza dictan, y que Cristo será magnificado en él **o por vida o por muerte**. Dios responderá a las oraciones; pero no necesariamente como lo esperan quienes oran. Dios responderá con *sotería*; pero esta puede presentarse tanto en términos de liberación de la cárcel como en términos de salvación eterna. En un caso o en otro, la promesa de Dios se cumplirá.

Todo esto le lleva finalmente a lo que viene a ser el punto central de sus palabras, y servirá de puente a lo que sigue: **Porque para mí el vivir es Cristo, y el morir es ganancia**. A veces, al escuchar estas palabras, pensamos que Pablo está diciendo que la vida no le importa, y que por tanto está pronto a morir. Eso es lo que han dicho muchos otros cristianos sobre la base de estas palabras. Pero Pablo no menosprecia la vida. Al contrario, dice que para él (**para mí**, y no necesariamente para quien no conoce a Cristo) **el vivir es Cristo**. Si el vivir es Cristo, entonces ¡menospreciar la vida es menospreciar a Cristo! Eso no es lo que Pablo dice. Lo que dice es por una parte que no teme la muerte, pues para quien como él confía en Cristo **el morir es ganancia**. (La gramática del griego original hace caer el énfasis, no sobre el hecho de morir, sino más bien sobre el estado de haber muerto). Y por otra parte deja bien claro que ama la vida, que su **anhelo y esperanza** es su **liberación** y continuar viviendo, no porque su vida sea cómoda o agradable, sino porque **el vivir es Cristo**; y porque en Cristo está su esperanza, ya sea de liberación de la cárcel, o ya de salvación eterna. Cristo en la vida, y Cristo en la muerte; siempre Cristo. Es por esa razón que en cualquier situación podemos decir, como Pablo: **me gozo, y me gozaré aún**.

Todo esto quiere decir que las palabras del Apóstol nos llaman a evitar dos actitudes comunes ante la vida. La primera de ellas, y la más común en nuestros días, es decir, "la vida es corta, y por tanto debemos gozar de ella". Tal actitud no es nueva, sino que ha existido a través de las edades. En los primeros siglos hubo quienes intentaron combinar la fe cristiana con el libertinaje moral. A fines de la Edad Media, se cuenta que el papa León X dijo "puesto que Dios lo ha dado, gocemos del papado". Hoy, vemos una actitud semejante como una de las principales premisas de los anuncios que constantemente nos asedian tanto mediante la radio como en la televisión. Pero hay también la actitud de quien, en espera del gozo después de la muerte, menosprecia la vida. En tiempos antiguos, hubo quienes se ofrecían al martirio voluntaria y espontáneamente, invitando a las autoridades a matarlos para así llegar a la vida eterna. Con toda razón, la iglesia en general pronto decidió que tales martirios no eran legítimos. Aunque sin llegar al extremo de los mártires espontáneos, pronto aparecieron quienes despreciaban la vida presente por no ser eterna. Hubo quien, para no olvidar su propia mortalidad y gozar demasiado de la vida, cada día cavaba algo de su tumba. Hoy hay quienes, rechazando con razón el desenfreno de la sociedad en general, dedican toda la vida a pensar en la muerte y prepararse para ella.

Pablo no aceptaría ninguna de esas dos posturas. La vida presente es buena si es vida en Cristo. Y en Cristo también la muerte es ganancia. El gozo no se limita a la vida presente; pero tampoco a la futura. **Para mí el vivir es Cristo** (¿qué razón para vivir puede haber mejor que esta?) **y el morir es ganancia** (¿dónde está entonces el aguijón de la muerte?).

5

Los conflictos de Pablo

1:22-30

22 Mas si el vivir en la carne resulta para mí en beneficio de la
obra, no sé entonces qué escoger. 23 Porque de ambas cosas
estoy puesto en estrecho, teniendo deseo de partir y estar con
Cristo, lo cual es muchísimo mejor; 24 pero quedar en la carne es
más necesario por causa de vosotros. 25 Y confiado en esto, sé
que quedaré, que aún permaneceré con todos vosotros, para
vuestro provecho y gozo de la fe, 26 para que abunde vuestra
gloria de mí en Cristo Jesús por mi presencia otra vez entre
vosotros.

27 Solamente que os comportéis como es digno del evan-
gelio de Cristo, para que o sea que vaya a veros, o que esté
ausente, oiga de vosotros que estáis firmes en un mismo espíri-
tu, combatiendo unánimes por la fe del evangelio, 28 y en nada
intimidados por los que se oponen, que para ellos ciertamente
es indicio de perdición, mas para vosotros de salvación; y esto
de Dios. 29 Porque a vosotros os es concedido a causa de Cristo,
no solo que creáis en él, sino también que padezcáis por él,
30 teniendo el mismo conflicto que habéis visto en mí, y ahora
oís que hay en mí.

1:22 | si el vivir en la carne resulta para mí en beneficio de la obra: Pablo acaba de decir que el morir es ganancia. Pero ahora se vuelve en la otra dirección. El morir puede ser ganancia para él; pero el morir puede ser ganancia para su obra. Aquí, **el vivir en la carne** no es la carnalidad que Pablo critica y condena en otros lugares (por ejemplo, Ro 7:21-25). Es más bien la vida presente, la vida en este cuerpo de carne. Tal vida no es mala, sino que es parte de la buena creación de Dios, quien, tras completar su obra creadora, vio "cuanto había hecho, y era bueno en gran manera" (Gn 1:31). Pablo acaba de decir que el que ese cuerpo de carne muera no es pérdida, sino ganancia. Pero eso es solamente una cara de la moneda. La otra cara es que hay una obra que Dios le ha encomendado, y que solamente puede llevar a cabo si permanece en esta vida **en la carne**.

Por otra parte, lo que se traduce aquí como el **beneficio de la obra** dice literalmente "el fruto de la obra", lo cual nos recuerda las imágenes agrícolas que Pablo usa en otras epístolas. Un ejemplo de esto se encuentra en 1 Co 3:6-9. Y nótese que no dice "en beneficio de *mi obra*", ya que la obra no es de él. Pero él sí se beneficia en el cumplimiento de la obra que le ha sido encomendada; y es por eso que dice **resulta** para mí **en beneficio de la obra.** Ni el fruto ni la obra son de él; pero sí hay en ello un beneficio, una bendición para él.

no sé entonces qué escoger: Aquí no se nos presenta el Pablo seguro de sí mismo que en Gálatas arremete contra los judaizantes, y que en 1 Corintios 15 proclama la resurrección de los muertos. El Pablo que aquí vemos es el Pablo en lucha consigo mismo que vemos en Romanos 7:21: "Así que, queriendo yo hacer el bien, hallo esta ley: que el mal está en mí". Pero, a diferencia de lo que se plantea en Romanos, aquí en Filipenses el conflicto no es entre el bien y el mal, sino entre dos bienes. Si el vivir en Cristo es bueno, y el morir es ganancia, se pregunta Pablo, ¿qué escoger? Y así, en esta epístola de intimidad en la que Pablo se dirige a una de sus iglesias favoritas, y ante ella desnuda su corazón, confiesa su perplejidad: **no sé entonces qué escoger.**

1:23 | Porque de ambas cosas estoy puesto en estrecho: Lo que aquí se traduce como "estar en estrecho" es un verbo cuyo dramatismo es difícil de resumir en una palabra. Quiere decir estar atado, asirse de algo, tener el camino cerrado, verse atacado o atormentado, estar apremiado, etc. Pablo no está hablando sencillamente de dos alternativas, sino que se está declarando dividido, atormentado y apremiado por dos posibilidades. Una vez más, no se trata, como en Romanos, de escoger entre el bien y el mal, sino de escoger entre dos bienes: el vivir y el morir.

no sé entonces qué escoger: Estas palabras nos sorprenden. Después de todo, Pablo no tiene modo de escoger entre ambas alternativas. Si ha de vivir para continuar la obra que Dios le ha encomendado, o si ha de morir para continuar viviendo en Cristo, no es cosa que él pueda decidir. Eso está en las manos de Dios. Lo único que Pablo puede escoger, y lo que tiene que escoger, es cuál será su actitud, qué deseará, qué forma tomará lo que antes (1:20) llamó "mi anhelo y esperanza". ¿Debe desear la muerte, para ir a morar con Cristo, o la vida, para continuar su ministerio?

Quizá esto nos sorprenda: el conflicto aparentemente abrumador a que Pablo se refiere no es cuestión de decidir entre dos caminos que se le ofrecen, sino más bien cuestión de decidir cuál ha de ser su actitud, cuál su anhelo, ante esos dos caminos, aun sabiendo que la decisión no está en sus manos. En buena medida, lo importante no es solamente lo que hagamos, sino lo que soñemos, lo que sea nuestro anhelo. Ciertamente lo que hagamos o no hagamos tiene una importancia insoslayable. A pesar de que frecuentemente se afirma lo contrario, con la intención no basta. Pero también es cierto que lo que hagamos, el cómo responderemos en cada situación, es reflejo de nuestras más profundas actitudes, esperanzas y deseos. Pablo acaba de decir que su anhelo y esperanza es que Cristo sea glorificado en su cuerpo, ya sea en la vida, o ya en la muerte. Pero ahora se siente obligado a decidir cuál de esas dos alternativas ha de ser su anhelo y esperanza. Si lo que hacemos y decimos es expresión de lo que está en el corazón, entonces la decisión básica que tenemos que hacer ante toda otra es cuál es efectivamente nuestro anhelo, y cuál nuestra esperanza.

teniendo deseo de partir y estar con Cristo, lo cual es muchísimo mejor: Tras decir que no sabe qué escoger, Pablo confiesa que teme que su deseo no concuerde con la voluntad de Dios. Según él ve las cosas **partir y estar con Cristo es muchísimo mejor**. Lo que nuestras Biblias traducen como "partir" literalmente quiere decir "desatar", como se desata una nave o se desmonta una tienda de campaña, y por tanto podría traducirse como "soltar amarras" o como "desmontar la tienda". Esto nos trae a la mente por una parte los viajes de Pablo por mar, y por otra su oficio de hacer tiendas. En todo caso, Pablo preferiría partir, soltar las amarras a esta vida, deshacerse, para estar en Cristo. Al menos, eso es lo que mejor concuerda con su deseo. Entre las dos alternativas de continuar en esta vida sirviendo a Cristo o morir a esta vida para continuar viviendo de Cristo, él prefiere la segunda.

1:24 | pero quedar en la carne es más necesario por causa de vosotros: El **pero** es el centro del conflicto de Pablo. Su propia preferencia está clara. **Pero** sospecha que **quedar en la carne es más necesario**. Y piensa que así es, pues es lo mejor, no para él, sino para ellos: es más necesario **por causa de vosotros**. La decisión no se hará sobre la base de las preferencias de Pablo, sino sobre la base de las necesidades de los filipenses y de otros como ellos. Pablo quisiera una cosa; pero ellos necesitan otra. De aquí en adelante en la epístola, Pablo no volverá a hablar acerca de su deseo de morir para estar con Cristo. Pronto veremos que el conflicto todavía está ahí. Pablo no puede cambiar su deseo de ir a morar con Cristo. Pero sí está dispuesto a seguir el camino que Dios le ha trazado, no para su propio bien o su propia felicidad, sino para el bien de los demás.

1:25 | Y confiado en esto, sé que quedaré, que aún permaneceré: Algunos eruditos señalan que la construcción gramatical no exige que lo entendamos como si Pablo estuviera declarando que sabe con una certeza absoluta, sino más bien que, en vista de todo lo que acaba de decir, está convencido de que quedará, que su vida "en la carne" continuará. Tal interpretación nos ayuda a entender por qué es que en lo que sigue inmediatamente Pablo no da por sentado que podrá ver a los filipenses cara a cara.

Los dos verbos que se traducen como **quedaré** y **permaneceré**, son muy parecidos. El segundo (*paraméno*) es igual al primero (*méno*), con el prefijo *para* añadido. El uso de estos dos verbos subraya la permanencia continuada que Pablo espera, como si dijera "estaré" y "continuaré estando". Luego, lo que Pablo está diciendo es que, aun cuando ese no es su deseo, permanecerá en la vida presente por algún tiempo. Más arriba, cuando en el versículo 24 Pablo hable de "quedar en la carne", el verbo que se emplea es otra variante de la misma raíz verbal, aunque allí el prefijo no es para, sino *epi*: *epiméno.*

con todos vosotros: ¿Todos los filipenses, o todos aquellos que todavía permanecen en esta vida, en la que a Pablo le toca permanecer, gústele o no? Posiblemente ambas cosas.

1:26 | para que abunde vuestra gloria de mí en Cristo Jesús por mi presencia otra vez entre vosotros: El sentido exacto de este versículo no está claro en el original griego, y por esa razón las traducciones varían bastante. No cabe duda de que el motivo de la gloria a que se refiere la primera parte del versículo es la presencia de Pablo entre ellos. Pero lo que no está claro es lo que Pablo quiere decir al referirse a la gloria de los filipenses (**vuestra gloria)** ya que en el sentido estricto la gloria le pertenece solo a Dios. Posiblemente sea por eso que RVA-2015, en lugar de decir "gloria", dice "orgullo": "aumentar su orgullo en Cristo Jesús". En vista de todo esto, parece mejor la lectura de J. F. Collange, quien aplica el **de mí**, no a la gloria de Pablo, sino a su presencia entre los filipenses. En tal caso, el versículo 26 se traduciría como sigue: "y mi presencia entre vosotros os permitirá gozaros más abundantemente en Cristo Jesús" (Collange, *L'Épitre de Saint Paul aux Philippiens*, p. 65).

1:27 | Solamente que os comportéis como es digno del evangelio de Cristo: Hasta aquí, Pablo ha estado hablando principalmente de sus propias circunstancias, de los conflictos en que vive, y del modo en que las noticias que recibe acerca de los filipenses le alegran y confirman en su ministerio. Ahora va a pedirles a los filipenses que ellos también sean parte de los conflictos en que el propio Pablo vive. Introduce este tema como si fuera fácil, diciendo **solamente que os comportéis**, como quien va a pedir poco. Es como si les dijera: "No se preocupen, pues no les voy a pedir mucho, sino una sola cosa". Pero entonces vienen unas pocas palabras que dejan bien claro que ese único requisito que Pablo les presenta no es poca cosa: es **solamente** [...] **¡que os comportéis como es digno del evangelio de Cristo**! Es como si alguien visitara a otra persona diciéndole que va a verle para pedirle nada más que un favor, y entonces le pide que le dé un cheque por un millón de dólares. Lo que se pide es sencillo, ¡pero no tan fácil! El resto de la epístola desglosará qué es eso de comportarse como es digno del evangelio de Cristo.

para que o sea que vaya a veros, o que esté ausente: Aquí Pablo vuelve a abrir la posibilidad de que lo que espera no sea lo que ocurrirá. Antes les dijo que sabía que por lo pronto no moriría por Cristo, sino que sería librado de la prisión. Pero ahora acepta el hecho de que en realidad su futuro es incierto. No sabe si podrá volver a ver a los filipenses o no. Quiere asegurarse de que los filipenses sigan sus instrucciones no solamente si él puede ir a verlos, sino también si tal cosa no es posible. En todo caso, ya sea estando presente o desde lejos, les pide que el resultado sea el mismo: que **oiga de vosotros que estáis firmes en un mismo espíritu**. Una vez más, parece que está pidiendo poco. Una rápida lectura de estas palabras bien podría llevarnos a pensar que todo lo que Pablo les pide es que estén unidos, de acuerdo entre sí, que haya entre ellos un mismo sentir, **en un mismo espíritu**. Pero pronto veremos que ese "mismo espíritu" que Pablo les pide no es solamente que se lleven bien, sino que haya en ellos nada menos que "el mismo sentir que hubo en Cristo Jesús" (2:5).

1:27-28 | combatiendo unánimes por la fe del evangelio, y en nada intimidados por los que se oponen: Aquí Pablo empieza a usar palabras e imágenes que llevarían a sus lectores a pensar en los combates de gladiadores. Imaginemos a los creyentes de Filipos como un grupo de gladiadores lanzados a la arena a pelear contra las fieras. En tales condiciones, es importante que estén **firmes en un mismo espíritu**, pues tan pronto como empieces a huir de las fieras, estas se enardecerán y les atacarán ferozmente. La única postura posible es combatir **unánimes** y **en nada intimidados** por las fieras. Lo que aquí se traduce por **combatiendo unánimes** es una forma del verbo *synathléo*. Este verbo se compone de otro verbo, *athléo*, luchar o competir, de donde se deriva nuestra palabra "atleta". A este verbo se le ha añadido el prefijo *syn*, que quiere decir juntamente o a una, como en "síntesis", "sinfonía" o "sincretismo". Luego, la imagen que aquí se nos presenta es la de unos atletas o combatientes que bien podrían competir entre sí, pero cuya única esperanza de victoria está en combatir juntos contra los enemigos comunes.

Esos enemigos comunes son **los que se oponen**. Pablo no nos da detalles acerca de la oposición a que se refiere. Pablo no aclara quiénes son estos que "se oponen". Bien puede referirse a poderes satánicos como aquellos que menciona en Efesios, donde dice que "no tenemos lucha contra sangre y carne, sino contra principados, contra potestades, contra los gobernadores de las tinieblas de este siglo, contra huestes espirituales de maldad en las regiones celestes" (Ef 6:12). Pueden ser opositores entre los paganos, ya individuos que se oponen al cristianismo, o ya autoridades que lo obstaculizan y hasta los persiguen. Pueden ser los "perros" o algunos otros de los que aparecen en esta misma epístola y sobre los que volveremos más tarde (Fil 3:2): "Guardaos de los perros, guardaos de los malos obreros, guardaos de los mutiladores del cuerpo". Y pueden hasta ser creyentes dentro de la misma iglesia cuyo espíritu contencioso lleva a Pablo a llamarles "los que se oponen". Sean quienes sean, lo importante es destacar que Pablo insiste en que para hacerles frente hay que hacerlo con un espíritu de unidad, como atletas que en la arena luchan contra un enemigo común.

En todo caso, el que los tales se opongan es **indicio de perdición**. No participarán en el gozo final del día de Jesucristo. Y el que otros se mantengan firmes es para ellos índice de **salvación**.

y esto de Dios: Muy probablemente, esta frase no se refiera únicamente a quienes tienen índice de salvación, sino también a los otros. Lo que en fin de cuentas procede de Dios no es solamente la firmeza de los creyentes, sino que es también la oposición con la que Dios prueba y fortalece a los fieles.

1:29 | Porque a vosotros os es concedido a causa de Cristo, no solo que creáis en él, sino también que padezcáis por él: Lo que los cristianos reciben de Cristo no es solo la dicha de creer en él y de gozar de su compañía, sino también el dolor de padecer por él. Con estas palabras Pablo subraya lo que acaba de decir antes, que "esto (la firmeza de los fieles y la oposición de otros) procede de Dios". Por extraño que parezca, ¡Pablo afirma que la oposición a que los cristianos se enfrentan procede de Dios! Sobre esto volveremos tras discutir el versículo 30, y así llegar al fin del capítulo.

1:30 | teniendo el mismo conflicto que habéis visto en mí, y ahora oís que hay en mí: La oposición y dificultades a que se enfrentan los filipenses no son un fenómeno aislado, algo que sucede solamente en Filipos y en aquel momento. De algún modo, se relaciona con los **conflictos** de Pablo, y aparentemente también con los conflictos de todos los creyentes a través de las edades. La palabra que Pablo emplea aquí, y que nuestras biblias traducen como "conflictos", es *agonía*, de donde se deriva nuestra palabra castellana, "agonía". Y la usa en plural, de modo que no es solamente su agonía, sino sus agonías, sus repetidos conflictos. Posiblemente debamos leer esto en el contexto de la imagen que el texto sugiere anteriormente, de un grupo de gladiadores que combaten unidos contra los enemigos que les acechan, pues la palabra *agonía* frecuentemente se refería a las luchas de gladiadores en la arena.

Al mencionar sus "conflictos", Pablo parece estarse refiriendo a dos tipos de conflicto. Por una parte, están los conflictos con fuerzas externas de oposición. Los filipenses sabían de las dificultades y prisiones de Pablo, que eran conflictos con las autoridades y las políticas establecidas por esas autoridades. Pero además Pablo acaba de declarar que se encuentra en medio de un conflicto interno: "no sé qué escoger" (v. 22). No sabe ni siquiera lo que ha de desear, si continuar viviendo para así seguir sirviendo a los filipenses y al resto de la iglesia, o morir para estar con Cristo. Su agonía, su lucha, no es solamente contra "los que se oponen", sino también con la oposición que encuentra dentro de sí mismo. Sabe que debe continuar viviendo para seguir sirviendo; pero también desea morir, para así completar su carrera. En otro lugar que ya hemos citado, declara: "según el hombre interior, me deleito en la ley de Dios; pero veo otra ley en mis miembros, que se rebela contra la ley de mi mente" (Ro 7:22-23). Sus "agonías" no son cosa pasajera, sino una realidad constante en su vida como discípulo de Cristo. Tanto es así, que Pablo sabe que los filipenses han sido testigos presenciales de sus conflictos, y ahora, en la carta que Pablo les escribe, tienen confirmación de ellos, pues es **el mismo conflicto que habéis visto en mí, y ahora oís que hay en mí**.

Y esto no es algo que le sucede solamente a Pablo, porque él sea un creyente particularmente consagrado, o porque su misión le lleve a choques con las autoridades religiosas y políticas, sino que es parte integrante de la vida de todos los creyentes, quienes han de tener **el mismo conflicto que habéis visto en mí, y ahora oís que hay en mí**.

Tristemente, hoy se ha difundido y se sigue difundiendo un supuesto evangelio que declara que si alguien es fiel todos sus problemas se le resolverán. Si estás desempleado, Dios te promete que si le sirves él te dará un empleo bien remunerado. Si estás enfermo y eres fiel creyente, Dios te sanará. ¡Hasta hay quien dice que si das del diezmo Dios te dará más!

Eso no es lo que Pablo les dice a los filipenses. Les dice, primero, que a pesar de su profunda fe y de toda su labor misionera, sus conflictos no han desaparecido. En otra de sus cartas encontramos un dolorido lamento: "para que la grandeza de mis revelaciones no me exaltase desmedidamente, me fue dado un aguijón en la carne, un mensajero de Satanás que me abofetee, para que no me enaltezca sobremanera" (2 Co 12:7). Ese doloroso aguijón que Dios no le quita a pesar de sus repetidas oraciones le ha sido dado, no porque haya hecho algún mal, sino para recordarle de sus propios límites y así invitarle a una obediencia aun más profunda. Y les dice también que al verse sufriendo **el mismo conflicto que habéis visto en mí** han de entender que tales conflictos vienen también de Dios. Como Pablo mismo les dijo poco antes, si algunos se les oponen y les crean conflictos y agonías, "esto es de Dios".

El evangelio de Jesucristo, el evangelio que Pablo predica, no es el mensaje de que si eres fiel todo problema se resolverá como tú lo deseas, y que toda oración recibirá la respuesta que tú pides, sino que es más bien el mensaje de que en tus glorias y tus victorias, Dios está contigo; y que, en tus vergüenzas y en tus derrotas, Dios también está contigo. En palabras de Pablo, "esto es de Dios".

6

Humillación y exaltación de Cristo

2:1-4

[1] Por tanto, si hay alguna consolación en Cristo, si algún consuelo de amor, si alguna comunión del Espíritu, si algún afecto entrañable, si alguna misericordia, [2] completad mi gozo, sintiendo lo mismo, teniendo el mismo amor, unánimes, sintiendo una misma cosa. [3] Nada hagáis por contienda o por vanagloria; antes bien con humildad, estimando cada uno a los demás como superiores a él mismo; [4] no mirando cada uno por lo suyo propio, sino cada cual también por lo de los otros.

2:1 | Por tanto, si hay: Las palabras **por tanto** son de suma importancia. Desafortunadamente, el hecho de que un capítulo termina en el versículo 30, y ahora empieza un nuevo capítulo puede dar la impresión de que se trata de un nuevo tema, inconexo con lo que se ha dicho antes. En la mayoría de nuestras biblias, esa ruptura se exagera por razón de un nuevo subtítulo; en la traducción que vamos siguiendo, el subtítulo dice "Humillación y exaltación de Cristo". Pero es importante que sepamos que tales subtítulos no son parte del texto mismo. Cuando Pablo estaba dictando esta carta, no dijo "nuevo subtítulo", sino que sencillamente siguió dictando: "Por tanto...". Cuando, en cualquier conversación cotidiana, alguien dice "por tanto", nos está haciendo saber que lo que sigue es consecuencia de lo que antecede. Si digo "tengo hambre; por tanto voy a comer algo", el "por tanto" relaciona el hambre que tengo con mi respuesta. Luego, al entrar al capítulo 2 debemos verlo ante todo como consecuencia o ampliación de lo que se dijo antes.

si hay: En el griego no se incluye la palabra **hay** ni alguna otra forma del verbo haber, sino que queda implícito. Los traductores lo añaden con razón, pues en nuestra sintaxis de hoy nadie diría "si alguna consolación en Cristo, algún consuelo de amor…".

Por otra parte, la palabra **si** podría dar la impresión de que Pablo está dudando de que haya tales cosas como la consolación, el consuelo, etc. Es así que usamos esa palabra en frases tales como "si llueve" o "si hay buen tiempo". En tales casos, estamos expresando cierta medida de duda acerca del tiempo. Pero aquí se usa la misma palabra en otro sentido, para expresar la certeza de lo que se dice. Así, por ejemplo, si alguien me pregunta, "¿Quieres café?", y yo le contesto, "Si los gatos cazan ratones", lo que estoy diciendo no es que no sé si los gatos cazan ratones, sino más bien que mi deseo de café es tan seguro como el hecho de que los gatos cazan ratones. Luego aquí ese **si** no es un quizás, sino un redundante sí, una afirmación absoluta.

Es así que esa brevísima palabra, **si**, se emplea cinco veces en este versículo. Pablo quiere fundamentar lo que va a decir en proposiciones indudables. No tomar en serio lo que va a decir sería como negar que haya algún consuelo en Cristo, algún estímulo de amor, etc.

alguna consolación en Cristo, si algún consuelo de amor, si alguna comunión del Espíritu, si algún afecto entrañable, si alguna misericordia: El resto del versículo consiste en estas cinco afirmaciones que son el fundamento de lo que sigue. No se trata de una lista de razones separadas entre sí, sino que la lista incluye aparentes repeticiones que fortalecen lo que se dice. Es como un joven que le dice a su novia "te quiero con todo mi corazón, con todas mis fuerzas, con toda mi vida". Su propósito no es hacer una lista de modos en que la quiere, sino más bien enfatizar la profundidad de su amor. Por eso, no ha de extrañarnos el que no sea fácil distinguir entre las cinco afirmaciones que Pablo hace aquí. Esto se ve en la traducción misma que empleamos, en que los traductores parecen sentirse obligados a hablar primero de **consolación** y luego de **consuelo**.

Lo que nuestra Biblia traduce por **consolación** es *paráklesis*, que quiere decir estímulo, exhortación y consuelo. Es la misma raíz del nombre que se le da al Espíritu Santo, el "Paracleto", o el Consolador. Luego, la consolación en Cristo quiere decir el estímulo, el aliento que viene de Cristo. Lo que se traduce por **consuelo** quiere decir prácticamente lo mismo, aunque la palabra griega es otra: *paramýthion*. Además de lo que se incluye en la palabra anterior, también quiere decir "alivio" o "mejoría". (En nuestra lengua las palabras "epítema" y "epítima" se derivan en parte de la misma raíz griega. La primera es un ungüento medicinal, y la segunda es alivio). Luego, las palabras de Pablo podrían entenderse como "si el amor provee algún estímulo", "alguna mejoría", o "algún alivio". Por eso algunas biblias evitan la repetición de "consolación" y "consuelo" usando palabras diferentes que subrayan distintos aspectos del consuelo y de la consolación. La RVR1995, tras traducir lo primero como "consuelo", traduce lo segundo diciendo "si algún estímulo de amor". De manera semejante, la Biblia de Jerusalén traduce las dos palabras con palabras diferentes: "exhortación" y "estímulo". Todas estas traducciones nos hacen ver algo que no oculta la Reina-Valera 1960: que aquí tenemos dos palabras diferentes que significan casi lo mismo. La traducción Dios Habla Hoy subraya lo que esta consolación y este consuelo hacen por otros, aunque el texto no implica tal énfasis: "si Cristo les ha dado el poder de animar, si el amor los impulsa a consolar a otros...".

Lo que se traduce por **comunión** es *koinonía*, que se deriva de una raíz que quiere decir "común", y tiene significados aun más extensos. Comúnmente se traduce como lo hace nuestra Biblia: **comunión**, y se entiende como el amor mutuo entre varias personas. Así, si decimos que tenemos comunión unos con otros, estamos afirmando que nuestras relaciones mutuas son buenas, que nos entendemos, amamos y llevamos bien. Pero en griego esa misma palabra también puede traducirse como la acción de compartir: si comparto algo con alguien, es decir, lo hago "común" entre nosotros, esa persona y yo estamos practicando *koinonía.* Finalmente, por extensión de su sentido, una *koinonía* puede ser una empresa común, algo parecido a lo que ahora llamamos una unión de varios "socios" para formar una "sociedad", frecuentemente con fines económicos. Luego, la frase **comunión del Espíritu** puede entenderse de varios modos. En su uso más frecuente quiere decir la unidad y buenas relaciones mutuas que el Espíritu da. La comunión es "del Espíritu" porque es don del Espíritu. Pero la misma frase puede entenderse con otro énfasis, en el que la koinonía es como una sociedad y el Espíritu es lo que esa sociedad tiene en común. Aquí el énfasis no recae en las relaciones entre los creyentes, sino en el Espíritu como su posesión común. Y, por último, la frase puede referirse a la acción del Espíritu, de llevarnos a compartir de bienes, necesidades y soluciones.

si algún afecto entrañable: Sobre esta expresión, véase lo que se dijo más arriba, al comentar sobre 1:8. La Biblia Reina-Valera 1960, que estamos comentando, ofrece traducciones diferentes ("amor entrañable" en 1:8, y "afecto entrañable" en 2:1), aunque la palabra en el original es la misma.

si alguna misericordia: En el griego, no aparece la frase que se repite anteriormente cuatro veces: **si alguna**. Al omitir esa frase, serían solamente cuatro las cláusulas que se presentan como el fundamento de lo que sigue. Esta última sería parte de la cuarta, que ahora diría: "si algún afecto entrañable y misericordia".

La Reina-Valera 1960 parece haberla incluido para mantener el paralelismo con lo que se dijo antes. En todo caso, debemos reiterar, primero, que todas estas frases, aunque comiencen con la conjunción "si", no están en duda, sino todo lo contrario. Lo que Pablo está diciendo es que, puesto que todo esto es cierto, ha de tener ciertas consecuencias. En segundo lugar, no olvidemos que estas palabras no nos ofrecen una lista de realidades distintas, sino que sencillamente menciona diversos aspectos de la experiencia y vida de fe que han de llevar a lo que Pablo va a señalar a continuación.

2:2 | completad mi gozo: Una vez más nos topamos con la palabra clave en toda la epístola: gozo. En 1:3, Pablo dice que está "rogando con gozo por todos vosotros". Pero ahora implica que ese gozo no es completo, al rogarles a los filipenses, **completad mi gozo**. El verbo que emplea aquí también podría traducirse como "llenad". Es como si Pablo les estuviera diciendo que tiene un gozo que es como una vasija que ya contiene mucho de bueno, como se ve claramente en lo que les ha dicho hasta aquí, pero que todavía no está llena. Algo le falta al gozo de Pablo por los filipenses, y nos lo va a decir de inmediato.

sintiendo lo mismo, teniendo el mismo amor, unánimes, sintiendo una misma cosa: Al decirles lo que completaría su gozo por los filipenses, Pablo subraya la unidad. Podemos imaginar a Pablo dictando esta carta. Al llegar a este punto busca varios modos de decir lo mismo. Primero les dice que para que Pablo pueda estar completamente gozoso, ellos tienen que unirse **sintiendo lo mismo** y **teniendo el mismo amor**. Sentir lo mismo ya es mucho; pero eso no parece bastante claro, o le falta algo, y por eso añade que han de unirse en el amor. Pero todavía con eso no basta, y añade que han de estar **unánimes**. Hoy esa palabra posiblemente nos lleve a pensar en alguna votación en la que algo se aprobó "por unanimidad". Pero las raíces mismas de la palabra, tanto en griego como en castellano, nos hacen ver cuán radical es los que se dice aquí. En griego, el vocablo se deriva del adjetivo *sýmpsyjos*, que a su vez es una unión del prefijo *syn* y el sustantivo *psyjé*. Este último quiere decir "alma". Como ya hemos visto, el prefijo *syn* indica unión. Luego, cuando Pablo les dice, según nuestra traducción, que sean unánimes, lo que les está pidiendo es que estén unidos en el alma; es decir, no solamente en actitudes, acciones y pensamientos, sino también en lo más íntimo de su ser. Y entonces Pablo termina este torrente de llamadas a la unidad volviendo al principio. Algo semejante es cierto en nuestra lengua, pues la palabra "unánime" viene del latín *una* y *anima*, alma.

Por último, cabe notar que, si al principio Pablo les dijo que llenarían su gozo **sintiendo lo mismo**, ahora, al final de sus expresiones acerca de lo que ha de darle tal gozo, vuelve a lo mismo: **sintiendo una misma cosa**. Aquí la repetición del verbo "sentir" no es creación de los traductores, pues el texto original también usa el mismo verbo. Todo esto hace de lo que Pablo dice una especie de círculo que al final regresa al principio. Y esa construcción a su vez le da fuerza a lo que se dice.

2:3 | Nada hagáis por contienda o por vanagloria: Pablo sabe que hay entre los filipenses algo que no debería ser; algo que no permite que Pablo se goce plenamente en ellos. Antes lo dio a entender, al pedirles que completaran su gozo, como si les dijera "esto os falta". Inmediatamente después de pedirles que completen su gozo, expresó en términos positivos lo que esperaba de los filipenses: unidad en el amor y los sentimientos. Ahora menciona dos actitudes que minan esa unidad entre los creyentes: la **contienda** y la **vanagloria**.

Estas dos palabras no necesitan mayor explicación, pues todavía mucho se hace por contienda o por vanagloria, no solamente en el mundo secular, sino también en la iglesia. Hacer algo "por contienda" es hacerlo para dañar a otra persona o a otro grupo. Es muy fácil dentro de cualquier comunidad formar un grupo que se dedique a atacar, impedir y contradecir a otros. Lo mismo es cierto de la iglesia. Todos hemos conocido casos en los que si Fulano está a favor de algo, Mengano estará en contra; y si Mengano está a favor, Fulano estará en contra. En algunos casos, esa contienda llega a tal punto que cuando Fulano habla se sabe de antemano lo que Mengano va a decir, y viceversa. Eso es hacer las cosas **por contienda**. Tal contienda frecuentemente va acompañada de la vanagloria. La razón por la que Fulano dice lo que dice, y se pelea con Mengano, es que cada uno de los dos quiere que se vea que sabe más, que tiene mejores opiniones, que es más devoto, etc. En una palabra, su vanagloria es tal que quieren que se les considere mejores que otros. Luego, si en una reunión congregacional Fulano pronuncia un discurso, y lo hace para que se vea cuán elocuente es, eso es hacerlo **por vanagloria**. Si las familias se turnan proveyendo flores para adornar la iglesia, y compiten entre sí en cuanto a quién presenta el mejor arreglo floral, eso es hacer las cosas por vanagloria. Si un pastor quiere que le aprecien y admiren como mejor pastor, o como mejor predicador, que otros, eso es hacer las cosas **por vanagloria.**

antes bien con humildad, estimando cada uno a los demás como superiores a él mismo: Pablo muestra ahora la otra cara de la moneda, repitiendo lo que acaba de decir, pero ahora en un todo más positivo. Si antes les dijo lo que no deberían hacer (dejarse llevar por la contienda o la vanagloria), ahora les dirá lo que han de hacer, cómo han de actuar: **con humildad**. De inmediato imaginamos que ya sabemos lo que esto quiere decir. Ser humilde es humillarse, rebajarse. No en balde la palabra "humillar" viene de la misma raíz que "humus", tierra. Luego, lo más común es que humillarse es rebajarse lo más que se pueda. Pero eso no es lo que dice Pablo. No se trata de tener baja estima, sino de darles más estima a los demás que a sí mismo: **estimando cada uno a los demás como superiores a él mismo.** No es cuestión de rebajarse uno tanto como pueda, sino más bien de realzar a los demás tanto como se pueda. Y, naturalmente, esto está estrechamente unido a lo que Pablo acaba de decir antes acerca de no hacer nada **por contienda** ni **por vanagloria**. Tanto la contienda como la vanagloria nos llevan a tratar de alzar nuestra propia estima rebajando a los demás. Pero aquí se trata de continuar estimándonos como criaturas hechas a la imagen de Dios, y al mismo tiempo elevar a los demás por encima de nosotros.

2:4 | no mirando cada uno por lo suyo propio, sino cada cual también por lo de los otros: Esto es otro modo de decir lo mismo, aunque ahora con lo que bien puede ser un caso particular. No de no mirar a lo suyo propio de inmediato nos recuerda lo que se dice en Hechos 4:32: "ninguno decía ser suyo propio nada de lo que poseía". Aunque a veces oímos decir que esto fue práctica de la iglesia primitiva solo por breve tiempo, la verdad es que hay buen número de documentos que muestran que esta práctica duró al menos por un par de siglos. Y el propio Pablo les está diciendo esto a los filipenses, quienes, como veremos más adelante, se han mostrado dadivosos para con los fieles de Jerusalén. El no mirar **cada uno por lo suyo propio, sino cada cual también por lo de los otros** inmediatamente nos hace ver que no se trata solamente de estimar a los demás, sino también de ocuparse de sus necesidades.

7

Cántico a Jesús

2:5-11

5 Haya, pues, en vosotros este sentir que hubo también en
Cristo Jesús,

6 el cual, siendo en forma de Dios,
no estimó el ser igual a Dios
como cosa a que aferrarse,
7 sino que se despojó a sí mismo,
tomando forma de siervo,
hecho semejante a los hombres;
8 y estando en la condición de hombre,
se humilló a sí mismo,
haciéndose obediente hasta la muerte,
y muerte de cruz.
9 Por lo cual Dios también le exaltó hasta lo sumo,
y le dio un nombre
que es sobre todo nombre,
10 para que en el nombre de Jesús
se doble toda rodilla de los que están en los cielos,
y en la tierra, y debajo de la tierra;
11 y toda lengua confiese
que Jesucristo es el Señor,
para gloria de Dios Padre.

Aunque la Biblia que vamos siguiendo no lo hace, aquí hemos presentado estas líneas en forma de himno, porque no cabe duda de que es un himno a Cristo. Y tampoco cabe duda alguna de que es una de las más hermosas joyas de la literatura cristiana antigua. En esto, prácticamente todos concuerdan. En lo que hay desacuerdo es principalmente en cuanto al autor de este himno, y también en cuanto a su orden y división en estrofas, ya que hay algunos elementos que no concuerdan con los cánones de la poesía griega del siglo primero. Puesto que eso último es muy complicado, y en todo caso no tiene gran importancia para la interpretación del himno mismo, centraremos nuestra atención en la cuestión de su autoría. ¿Compuso Pablo este himno? ¿Lo hizo específicamente para esta carta? ¿O lo que hace es citar un himno conocido que le ayuda a darle mayor fuerza a lo que dice? ¿Será posible que el himno ya existiera antes de la carta misma, que fuera ya conocido por los filipenses, y que Pablo entonces esté citando un texto que ya tenía para ellos cierto peso de autoridad, porque era parte de su culto? En tal caso, ¿cuál sería el origen del himno mismo? Sobre todo esto, no hay acuerdo entre los estudiosos de la Biblia y de las culturas de entonces. Si bien todos concuerdan en el carácter himnódico del pasaje, hay serias diferencias en cuanto a todo lo demás.

Por mi parte, me inclino a pensar que el himno ya existía y que los filipenses lo conocían cuando Pablo lo citó. Si tal es el caso, lo cita para relacionar lo que les está diciendo acerca de la humildad con lo que ellos mismos dicen y probablemente cantan en el culto. Y, puesto que está citando un himno conocido, no tiene que ceñirse al texto del himno mismo, sino que puede introducir palabras y hasta largas frases que no son parte del himno, pero que ayudarán a los lectores a ver la relevancia del himno.

Para entender esto, tomemos un himno comúnmente conocido, que por largo tiempo fue uno de los favoritos entre los evangélicos: el himno *Firmes y adelante*. Para el caso de que quien lee este comentario no lo conozca, cito parte de él a continuación:

Firmes y adelante, huestes de la fe,
sin temor alguno, que Jesús nos ve.
Jefe soberano, Cristo al frente va,
Y la regia enseña, tremolando está.

Al sagrado nombre de nuestro Adalid
tiembla el enemigo y huye de la lid.
Nuestra es la victoria, dad a Dios loor
y óigalo el infierno, lleno de pavor.

Supongamos entonces que le estamos escribiendo a una iglesia que está pasando por serias tribulaciones, quizás perseguida por el gobierno de su país, y posiblemente dudando de su futuro. En tal caso, alguien podría escribirles:

Estén firmes y sigan adelante, ustedes, huestes de la fe
sin temor alguno, que Jesús los ve.
Él es el Jefe soberano que siempre al frente va,
y la regia enseña tremolando está.

Al sagrado nombre de nuestro defensor
tiembla el enemigo y huye con pavor.
¡Nuestra es la victoria! ¡Dad a Dios loor!
Y óigalo el infierno, lleno de pavor.

Lo que resulta de este modo de citar el antiguo himno ya no es pura poesía ni se puede cantar con la misma melodía; pero todavía se ven restos que muestran claramente que tras lo que ahora le escribimos a aquella iglesia en dificultades se basa en el conocido himno. Si esa iglesia canta el himno con frecuencia, verá que la estamos exhortando a seguir siempre con la misma fe que llevan tiempo cantando, y a no ceder ante las difíciles circunstancias del momento. Si el siglo que viene alguien que no conoce nuestro himno lee lo que le hemos escrito a aquella iglesia, notará su carácter poético; pero también notará que no siempre el número de sílabas en los versos es el debido.

Eso es lo que sucede con el himno en Filipenses 2: Pablo le está escribiendo a una iglesia que es muy fiel y dadivosa, pero en la cual hay desacuerdos a los que ya ha hecho referencia y sobre los que dará algunos detalles más adelante. Por lo pronto, estando convencido de que la raíz del problema es la vanagloria y las contiendas entre los creyentes. Por eso toma este himno que subraya la humildad y la victoria de Jesucristo y, según lo va citando, va alterando algunas cosas y añadiendo otras, sabiendo que sus lectores, conocedores del himno, verán la relación entre el mensaje central de toda esta porción de la carta y la humildad y victoria de Jesús que ese himno celebra.

2:5 | Haya, pues, en vosotros este sentir que hubo también en Cristo Jesús: Volviendo entonces al texto bíblico, vemos que Pablo introduce el himno con unas pocas palabras que lo relacionan con lo que ha estado diciendo. Estas palabras son el vínculo entre lo que antecede y el himno que ahora va a emplear para reforzar lo dicho y relacionarlo mejor con la experiencia de los filipenses en el culto. La palabra **pues** claramente señala esa relación. Es como si dijéramos "entonces", "por esa razón" o "por tanto". Lo que sigue en esta oración se basa en lo anterior. Y lo anterior es la petición de Pablo, que los filipenses completen su gozo siendo de un mismo sentir. Como para vincular más todo esto, Pablo usa la palabra *fronéo* (sentir, pensar, opinar) que es la misma que acaba de emplear dos veces, con cierta redundancia, en el v. 2: "sintiendo lo mismo", "sintiendo una misma cosa". Lo que han de sentir es el mismo **sentir que hubo también en Cristo Jesús**. Y entonces, tras esa brevísima introducción, pasa a citar el himno mismo, alterándolo según es necesario para que lo que quiere decir quede bien claro.

2:6 | el cual, siendo en forma de Dios: Esto puede confundirnos, pues para nosotros la "forma" de una cosa es su apariencia, su exterioridad, y no su propio ser. Si decimos, por ejemplo, que una nube tiene "forma de gato", no estamos diciendo que sea gato, sino todo lo contrario: tiene una apariencia de gato. Pero en el pensamiento de aquella época la "forma" era mucho más importante, y más real. En el sentido de entonces, la "forma" es lo que le da realidad a la materia. Tanto es así, que para hablar de una realidad sin sentido, o de un caos primigenio, se hablaba de una "materia informe", es decir, de una materia sin "forma". Entender esto es de suma importancia, pues de otro modo podríamos pensar que lo que Pablo está diciendo es que Jesús no era verdadero Dios, como hoy una nube en forma de gato no es gato. Lo que Pablo está diciendo es que la divinidad era lo que caracterizaba a Cristo Jesús, aun antes de su encarnación. Nótese que más adelante, en el versículo 7, Pablo dice que Jesucristo "tomó la forma de siervo", y esto tampoco quiere decir que Jesús tuviera apariencia de siervo o de ser humano y que no lo fuera. En una palabra, el himno se abre afirmando la eterna divinidad de este a quien hemos visto como un ser humano entre nosotros los humanos.

Las palabras **no estimó el ser igual a Dios como cosa a que aferrarse** reafirman lo que acabamos de decir: él ya era igual a Dios. Lo que se traduce por aferrarse es más difícil de explicar en todas sus dimensiones. Ciertamente se trata de tener posesión de algo; pero en algunos contextos el sentido es positivo, como el de un premio que se alcanza, y en otros contextos es negativo, como robar o apoderarse de un botín de guerra. También puede referirse a un golpe de fortuna, a alguna dicha o posesión que se alcanza inesperadamente. Donde la Reina-Valera 1960 dice que **no estimó el ser igual a Dios como cosa a qué aferrarse**, la Biblia de Jerusalén dice "no reivindicó su derecho a ser tratado igual a Dios". Luego, el sentido general está claro; pero no lo suficiente como para construir toda una cristología en torno a estas palabras. En el contexto de lo que Pablo venía diciendo antes de empezar a citar este himno, lo que estas palabras subrayan es la humildad de Cristo, quien pudiendo permanecer como Dios descendió para hacerse humano, para ser siervo.

2:7 | sino que se despojó a sí mismo: El verbo griego es *kenóo*, vaciar, deshacerse, perder o anular. Sobre la base de esta palabra se construyó toda una teoría de cómo es que la divinidad de Cristo se une a su humanidad; teoría que por razón de su origen frecuentemente se llama "quenosis" o teoría "quenótica" (palabras a veces escritas con k: *kenosis* y *kenótica*). Aunque la cuestión es compleja y hay diferentes versiones de esa teoría, todas ellas tratan de explicar la unión de la divinidad con la humanidad en Cristo, diciendo que en su encarnación el Salvador se vació de sus características divinas, para tomar en su lugar las humanas. La dificultad estaba entonces en explicar qué quiere decir que Jesús es divino, si no tiene ninguno de los atributos divinos. Y el peligro estaba en hacer de la divinidad de Cristo una mera sombra, lo cual llevaba a hacer de él prácticamente un ser puramente humano. Tales ideas se hicieron populares entre los teólogos de fines del siglo XIX y principios del XX, que fue también el tiempo del auge del liberalismo. Ya a mediados del siglo XX empezaron a aparecer teólogos que se negaban a fundamentar su cristología a la quenosis en Filipenses 2:7, e insistían en que la cristología de Pablo es mucho más amplia, al igual que la de todo el Nuevo Testamento. Entre católicos, la quenosis no tuvo tal impacto, pues en 1951, en su encíclica *Sempiternus rex Christus*, el papa Pío XII rechazó tales teorías tajantemente, diciendo que era una negación de la divinidad de Cristo.

Volviendo entonces al pasaje en Filipenses, lo primero que tenemos que hacer es leerlo en su propio contexto. Pablo está hablando de humildad y de rechazar la vanagloria. Dentro de ese contexto, el verbo *kenóo* debe entenderse y traducirse, no como "vaciar", sino más bien como "despojar". Es así que lo traduce nuestra Biblia. No es que Cristo se vaciara de su divinidad, sino que se despojó, que hizo a un lado, la gloria de su divinidad. No es que el Verbo de Dios, a pesar de ser divino, se deshiciera de su divinidad para hacerse humano. Es más bien que ese Verbo, precisamente por ser divino, se hace hombre en bien de la humanidad. El hacerse humano no va en contra de su naturaleza divina, pues este Dios que es amor, en amor se vuelca hacia su creación. En una palabra, en lugar de pensar que el Verbo se encarnó a pesar de ser divino, debemos entender que el Verbo se encarnó precisamente porque es divino.

tomando forma de siervo: La palabra que nuestra Biblia traduce por "siervo" también puede traducirse como "esclavo". Lo que es más, es la misma palabra que en la Epístola a Filemón se traduce como "esclavo". Pablo está hablando de una humildad inaudita. Y no olvidemos lo que se dijo antes acerca del sentido de la palabra "forma". Si ser "en forma de Dios" es ser divino, ser en "forma de esclavo" es ser esclavo. Pablo está diciendo que, por razón de ese amor divino, el que fue siempre Dios ahora se ha hecho también humano, sin dejar de ser Dios. Sin dejar de ser "en forma" de Dios, tomó también la "forma" de hombre, y de hombre esclavo o siervo.

2:8 | y estando en la condición de hombre, se humilló a sí mismo, haciéndose obediente hasta la muerte, y muerte de cruz: Aquí Pablo nos deja ver con toda claridad por qué incluye este himno en su carta. Al introducirlo, usa las palabras que ya hemos citado: "Nada hagáis por contienda o por vanagloria; antes bien con humildad, estimando cada uno a los demás como superiores a él mismo; no mirando cada uno por lo suyo propio, sino cada cual también por lo de los otros. Haya, pues, en vosotros este sentir que hubo también en Cristo Jesús" (2:3-5). El tema que le lleva al himno es la humildad, el evitar la vanagloria, y el no insistir en la propiedad de lo que se tiene, sino usarlo para el bien de otros. Ahora, en este himno, Cristo se despoja a sí mismo y toma **la condición de hombre** por el bien de la humanidad.

se humilló a sí mismo: El despojarse incluye deshacerse de su gloria. Si a nosotros se nos pide que dejemos a un lado la vanagloria, él en cambio deja a un lado su gloria, que es la única verdadera gloria. Pablo les ha dicho a los filipenses que han de dejar a un lado su vanagloria y pensar ante todo en la necesidad de los demás. Ahora, en este himno, Cristo se despoja de su gloria; y lo hace, no porque necesite algo, sino más bien porque no está "mirando [...] por lo suyo propio".

haciéndose obediente hasta la muerte, y muerte de cruz: Pablo no aclara a quién se hizo obediente Jesucristo, pero el contexto de a entender que fue obediente al Padre. En todo caso, no es una obediencia fácil, sino muy costosa, pues le llevó **hasta la muerte**. Y, como si eso fuera poco, a **muerte de cruz**. Hoy estamos tan acostumbrados a ver la cruz como un símbolo religioso, tanto en iglesias como en cementerios, que se nos hace difícil entender la enormidad de lo que Pablo está diciendo. Cuando más, hablamos y meditamos sobre los sufrimientos de Cristo, lo cual incluye la corona de espina, los clavos y la lanza. Ciertamente es importante considerar tales sufrimientos, que el Verbo encarnado sufrió por nosotros. Pero hay otra dimensión de esos sufrimientos que fácilmente se nos escapa. Si la cruz es hoy símbolo de fe, en aquellos tiempos era símbolo de ignominia. Ser crucificado no era solamente sufrir terribles dolores, sino que era también señal de desprecio. La cruz no era símbolo de nada, sino más bien un instrumento de muerte y vergüenza. Decir que alguien murió crucificado sería como decir hoy que alguien murió en la silla eléctrica, o ahorcado. Las cruces se erguían a la vera de los caminos, o en los lugares altos, como para exhibir al condenado. Ver a alguien usar la cruz como símbolo religioso sería como si alguien hoy usara como símbolo religioso la horca que tan terribles connotaciones tiene para los negros norteamericanos, o la cámara de gas que encarnó el odio hacia los judíos. La cruz era instrumento que los romanos usaban para escarmiento y vergüenza de quien osara resistirles. El reo colgaba de la cruz desnudo, para que quienes pasaran se burlaran de él, y al mismo tiempo recibieran la lección de lo que le pasa a quien no obedece a las autoridades romanas. Una muerte de cruz era una seria mancha para toda la familia del crucificado. ¿Qué humillación podría haber más profunda que esa? Es por eso que cuando Pablo les recuerda a los filipenses de la horrible muerte de Jesús, lo que está subrayando no son sus sufrimientos físicos, sino la humillación: "se humilló a sí mismo, haciéndose obediente hasta la muerte, y muerte de cruz".

2:9 | Por lo cual Dios también le exaltó hasta lo sumo, y le dio un nombre que es sobre todo nombre: La historia de Jesús no termina con su muerte y humillación. Tras el viernes de la crucifixión viene el domingo de la resurrección. Lo que se traduce como **le exaltó hasta lo sumo** es una sola palabra compuesta de *ýpsistos*, que quiere decir el lugar más alto. En la mitología griega, esa palabra se usa para nombrar el alto cielo a donde Hermes lleva a las almas, o a veces para nombrar al más exaltado de entre los dioses. A esto se le añade el prefijo *ýper*, que se emplea para decir algo así como "más todavía" o "sobremanera". En nuestra lengua, a veces expresamos esto con el prefijo "super". Así decimos, por ejemplo, "supereminente" y "superdotado". En resumen, lo que Pablo (o el himno que cita) dice aquí bien podría traducirse, aunque con bastante menos elegancia, como "le superexaltó al lugar más alto". La palabra misma bien puede verse entonces como una afirmación de que nada hay por encima de Jesús, es decir, como una afirmación de su divinidad absoluta y de su gloria, en nada inferior a la del Padre.

y le dio un nombre que es sobre todo nombre: También el concepto de "nombre" requiere que lo reinterpretemos de acuerdo al uso de aquellos tiempos. Para nosotros, un nombre es un sonido. Para los antiguos, y todavía en algunas culturas, el "nombre" es mucho más que eso. En cierto modo, el "nombre" es la realidad misma. Pronunciar el nombre era invocar la realidad tras el nombre. Por eso en Israel el nombre sagrado de Dios (el tetragrama, o palabra de cuatro letras) no se podía pronunciar. Hacerlo era insultar al mismo Dios, o querer dominarle y usarle, como a un ídolo. Los dioses de los egipcios, los griegos y los romanos tienen nombre (Amón Ra, Osiris, Minerva, Zeus, Venus, Marte), pero el Dios de Israel, cuando se le pregunta quién es, responde: "YO SOY EL QUE SOY". Luego, decir que Jesús tiene un nombre sobre todo otro nombre no quiere decir que el sonido o las letras J-E-S-Ú-S tengan un poder especial. Lo que quiere decir es más bien que Jesús está por encima de toda otra realidad.

Esto también quiere decir dos cosas que frecuentemente olvidamos. La primera de ellas es que cuando decimos que hacemos algo "en el nombre de Jesús" eso no quiere decir "de parte de Jesús", como cuando una persona visita a otra "a nombre de" una organización de beneficencia. Quiere decir que lo hacemos en presencia de Jesús; que no somos nosotros o nosotras quienes estamos actuando, sino que es Jesús quien actúa en la situación que sea: un milagro, una conminación, un anuncio, etc. Es cuando olvidamos esto que caemos en la idolatría hacia el pastor que anuncia salvación, o hacia la hermana que parece tener poderes especiales. El poder no es nuestro. Es del JESÚS que está exaltado en el lugar supremo.

Lo segundo que merece mencionarse aquí es que el "nombre" de Dios, que no es un sonido, sino la substancia misma de Dios, es uno solo. Por eso la fórmula bautismal que más se acerca a expresar la fe de la iglesia no es en tres nombres, sino en uno solo, compartido por tres. No "yo te bautizo en el nombre del Padre, y en el nombre del Hijo, y en el nombre del Espíritu Santo", sino "yo te bautizo en el nombre del Padre, y del Hijo, y del Espíritu Santo". Un solo nombre. El nombre del Padre es el nombre del Hijo, y es el nombre del Espíritu Santo, aunque para referirnos a ellos usemos distintas palabras. El Padre es EL QUE SOY; el Hijo es EL QUE SOY; y el Espíritu Santo es EL QUE SOY.

2:10-11 | para que en el nombre de Jesús se doble toda rodilla de los que están en los cielos, y en la tierra, y debajo de la tierra; y toda lengua confiese que Jesucristo es el Señor, para

gloria de Dios Padre: Esto es ante todo una promesa escatológica. De sobra sabemos que hay alrededor nuestro millones de rodillas que no se doblan ante el nombre de Jesús. E igualmente sabemos que hay millones de lenguas que no confiesan que Jesucristo es el Señor. Se trata entonces de una promesa: que el señorío de Jesucristo, que ya es cierto porque está sentado a la diestra del Padre, pero que todavía muchos no reconocen, a la postre será universal. Nótese la repetición de la palabra **toda: toda rodilla** [...] **y toda lengua**. El alcance universal de ese señorío se recalca al hacer esta promesa efectiva para **los que están en los cielos, y en la tierra, y debajo de la tierra**. Esto es otra manera de decir **toda** rodilla. En las Escrituras, cuando se habla de "cielo y tierra" esto no es una lista separada de dos lugares, sino que quiere decir todo cuanto hay. Tal es el caso desde Génesis 1:1: "En el principio creó Dios los cielos y la tierra". Aquí, el himno añade un tercer lugar: **debajo de la tierra**. Así queda bien claro que en ese día prometido no serán solo los vivos quienes doblarán la rodilla, sino también los muertos. Algunos intérpretes van más lejos, sugiriendo que la repetición de "toda" (toda rodilla, toda lengua) y la inclusividad de los lugares (en los cielos, la tierra y debajo de la tierra) quiere decir que no se trata de una adoración puramente humana, o humana y angélica, sino de una adoración en la que toda criatura le rinde alabanza a Dios.

En todo caso, para entender el impacto y significado de este himno, puede ser útil imaginar su uso en el culto de la iglesia antigua. No sabemos la relación entre este himno y alguna parte del culto. Tampoco se sabe mucho acerca del culto en la iglesia antigua. Sí sabemos que desde fecha bien temprana los cristianos bautizaban a los conversos. El bautismo era por normalmente por inmersión, excepto en lugares en que el agua escaseaba. Al menos en algunas ocasiones y algunos lugares, la persona entraba al agua, se arrodillaba en ella, se le hacían ciertas preguntas que le llevaban a confesar su fe, y entonces se le sumergía. El himno que estamos estudiando termina con un doblar de rodillas y una confesión de fe. Al cantarlo, es muy posible que estas últimas líneas, la promesa de que toda rodilla se doblará y toda lengua confesará, evocarían profundos sentimientos en cristianos que habían pasado por ese proceso cuando en su bautismo se arrodillaron y declararon su fe. Cada vez que tal himno se entonaba, los creyentes recordarían una vez más que, en virtud de su bautismo, ellos eran las primicias del Reino, el anuncio del día cuando **toda rodilla se doblará** y **toda lengua confesará**.

Jesucristo es el Señor: Esto es lo que toda lengua confesará. Las palabras que se emplean aquí son las mismas que sabemos sirvieron como primer credo o primera afirmación doctrinal entre los cristianos: *Kýrios Iesoús*, Jesús es el Señor; o como en este caso, *Kýrios Iesoús Xristós*: Jesucristo es el Señor. Esta última fórmula, que incluye el título de "Cristo", el Ungido o el Mesías, tendría valor particular para los creyentes de origen judío, quienes se habrían criado con la promesa de un Ungido o Mesías que vendría a salvar a Israel. Una vez salido el cristianismo de su cuna judía, y esparcido entre los gentiles, "Cristo" vino a ser no ya una referencia a su unción o a su carácter de Mesías, sino su nombre propio. Cada vez más, los cristianos fueron usando intercambiablemente los nombres de "Jesús" y "Cristo". En el mismo siglo primero, en Antioquía comenzó ese proceso, cuando a los creyentes en Jesús se les llamó "cristianos" (Hch 11:26). Unas pocas décadas más tarde, también en Antioquía, la religión de los cristianos recibía el nombre de "cristianismo". Hasta el día de hoy, hablamos de "Cristo" como un nombre propio más bien que como un título, y unimos el nombre con el título diciendo "Jesucristo". Todo esto se manifiesta en la Biblia que estamos usando, que sencillamente une el nombre de Jesús con su título o función de Cristo o Ungido, y le llama **Jesucristo**.

Por otra parte, el llamarle **Señor** tiene también sus implicaciones. La Septuaginta (la traducción del hebreo al griego que tanto los judíos como los cristianos usaban) se refiere repetidamente a Dios con esa misma palabra, *Kýrios*, Señor, y pronto habría también emperadores romanos que dirían que ellos eran el solo Señor, y temerían que darle tal título a Jesús resultara subversivo.

para gloria de Dios Padre: Hay desacuerdos entre los intérpretes en cuanto a qué es lo que redunda en la gloria de Dios Padre. ¿Es la confesión por parte de toda lengua, que Jesucristo es el Señor? ¿O es más bien la exaltación de Jesús lo que redunda en esa gloria? ¿Serán ambos? ¿O se trata más bien de un simple caso en donde el entusiasmo por dictar su carta Pablo añade una frase de significado profundo, pero en este caso ambiguo? Probablemente todo esto sea cierto. Todo el proceso mediante el cual Jesús se encarnó, sufrió, murió y resucitó es **para gloria de Dios Padre**. Cuando cualquier rodilla humana se dobla ante Jesús, cuando cualquier lengua humana le confiesa, y sobre todo cuando toda rodilla se doblará y toda lengua confesará, todo esto es **para gloria de Dios Padre**. Y por último, al concluir sus palabras conmovedoras, del pecho y los labios del Apóstol brota espontáneamente la frase ¡**para gloria de Dios Padre**!

8

Aplicación del himno

2:12-18

[12] Por tanto, amados míos, como siempre habéis obedecido, no
como en mi presencia solamente, sino mucho más ahora en mi
ausencia, ocupaos en vuestra salvación con temor y temblor,
[13] porque Dios es el que en vosotros produce así el querer como
el hacer, por su buena voluntad.

[14] Haced todo sin murmuraciones y contiendas, [15] para que
seáis irreprensibles y sencillos, hijos de Dios sin mancha en me-
dio de una generación maligna y perversa, en medio de la cual
resplandecéis como luminares en el mundo; [16] asidos de la pala-
bra de vida, para que en el día de Cristo yo pueda gloriarme de
que no he corrido en vano, ni en vano he trabajado. [17] Y aun-
que sea derramado en libación sobre el sacrificio y servicio de
vuestra fe, me gozo y regocijo con todos vosotros. [18] Y asimismo
gozaos y regocijaos también vosotros conmigo.

2:12 | Por tanto, amados míos: Como en otro caso que vimos anteriormente, el decir **por tanto** vincula lo que sigue con lo que antecede. El himno de la primera parte del capítulo se introdujo con las palabras "Haya, pues, en vosotros este sentir que hubo también en Cristo Jesús". Antes de eso, Pablo había estado llamando a los filipenses a no actuar por razones de envidia o de contienda. El himno trae a la superficie la verdadera raíz de tal actitud: el ejemplo de Jesucristo. Ahora, tras recordarles ese ejemplo, subrayando en él la humildad y obediencia de Jesús, vuelve otra vez a las condiciones de la iglesia en Filipos diciendo "**por tanto**".

amados: Como hemos señalado, la comunidad cristiana de Filipos era una de las iglesias predilectas de Pablo. Como veremos, al final de la carta les agradecerá lo que han hecho por él y por su ministerio. En 2 Corintios 9:2, dice que se gloría entre los de Macedonia, donde estaba la ciudad de Filipos. Y repetidamente hemos notado que, entre todas las epístolas de Pablo, esta es la más gozosa. Todo eso no quiere decir, sin embargo, que no haya nada que corregir en la vida de esa comunidad. Ya Pablo dio señales de ello al introducir el himno con referencias a la contienda y la vanagloria, y antes (1:27) les exhortó a estar firmes en el mismo espíritu, combatiendo unánimes.

Ahora, tras citar el himno, Pablo va a volver sobre el tema de los desacuerdos y divisiones que le duele ver en su iglesia predilecta y, aparentemente para que lo que va a decir no les duela demasiado, les "dora la píldora" llamándoles efusivamente **amados míos**.

como siempre habéis obedecido, no como en mi presencia solamente, sino mucho más ahora en mi ausencia: El amor no excluye la instrucción y la dirección, sino todo lo contrario, y por tanto Pablo se siente libre, por razón de su amor mutuo, para darles instrucciones. Nótese que el himno que acabamos de estudiar alaba la obediencia de Cristo (2:8). Luego "el sentir que hubo también en Cristo Jesús", y que Pablo invita a los filipenses a imitar, incluye la obediencia.

Al ofrecerles instrucciones a los filipenses, y esperar que las tomen como mandatos que han de obedecer, Pablo da por sentado que le obedecerán, recordándoles que **siempre habéis obedecido**. Y entonces recalca el **siempre** alabándoles porque lo han hecho **no como en mi presencia solamente, sino mucho más ahora en mi**

ausencia. Nótese el contraste entre esto y lo que Pablo les dice a los corintios: "Esta es la tercera vez que voy a vosotros. Por boca de dos o de tres testigos se decidirá todo asunto. He dicho antes, y ahora digo otra vez como si estuviera presente, y ahora ausente lo escribo a los que antes pecaron, y a todos los demás, que si voy otra vez, no seré indulgente. [...] Por esto os escribo estando ausente, para no usar de severidad cuando esté presente, conforme a la autoridad que el Señor me ha dado para edificación, y no para destrucción" (2 Co 13:1-2,10). En un caso Pablo habla de su posible visita como motivo de gozo; y en el otro, como una amenaza. A diferencia de los corintios, que necesitan de visitas de Pablo para enderezar sus caminos, los filipenses se han mostrado obedientes en el pasado, cuando Pablo estaba entre ellos, y sobre esa base Pablo les da instrucciones dando por sentado que las seguirán.

ocupaos en vuestra salvación con temor y temblor: En otras palabras, lo que les digo no son caprichos míos, sino que atañe a la salvación de ustedes. Lo que estoy haciendo es invitarles a recordar su salvación constantemente, y a comportarse como es digno de ella. Y esto es de tal importancia que ha de hacerse **con temor y temblor**. Tales palabras pueden sorprendernos, pues es nuestra costumbre insistir en el gozo de la salvación. En nuestros cultos, celebramos la salvación con alegría y palabras de alabanza. Al leer estas palabras en Filipenses, lo primero que tenemos que recordar es que la epístola toda es gozosa. En ella, Pablo habla repetidamente tanto de su propio gozo como del gozo de los filipenses. Más adelante, Pablo hace del gozo un mandato: "regocijaos en el Señor siempre" (4:4). Bien podemos decir entonces que el **temor y temblor** es como un recordatorio en medio del gozo, como algo que se vuelve más importante según crece el gozo. Es por el gozo de la salvación que tenemos **temor y temblor**, y no por el **temor y temblor** que podemos gozar de la salvación. La salvación no es primeramente temer el infierno y por eso acudir a Cristo. La salvación es tener a Cristo, regocijarnos en él de tal manera que temblemos ante la posibilidad de no tenerle. Quizá el mejor ejemplo sea el de un esposo que ama a su esposa entrañablemente, y por eso a cada instante teme perderla. No la ama porque tema su muerte, sino que teme su muerte porque la ama. Los creyentes en Cristo no le amamos porque temamos perderle, sino que tememos perderle porque le amamos. De ahí el temor y temblor en medio del gozo.

Esto, como toda dimensión de la fe, ha de manifestarse y experimentarse en nuestro culto. Nuestro culto es ciertamente gozoso, pues es un anticipo del día cuando "en el nombre de Jesús se doble toda rodilla [...] y toda lengua confiese que Jesucristo es el Señor". Pero si en medio de ese culto nos detenemos para pensar en nuestros muchos pecados, y para confesárselos al Señor, nuestro gozo, en lugar de opacarse, irradiará luz. El mejor culto no es el que trata de cubrir nuestros males con nuestro gozo, sino el que, precisamente por razón de nuestros males, es más profundamente gozoso.

2:13 | porque Dios es el que en vosotros produce así el querer como el hacer, por su buena voluntad: Estas palabras nos plantean uno de los problemas más difíciles en la teología cristiana; problema que ha dividido y todavía divide a los creyentes. Algunos de los líderes más destacados en el desarrollo del pensamiento cristiano (Agustín, Tomás de Aquino) han intentado resolverlo. Y sin embargo, ninguna de sus respuestas es satisfactoria. En consecuencia, debemos decir de antemano que es un problema irresoluble, un problema cuya solución está más allá del alcance de la razón humana.

Naturalmente, me estoy refiriendo al problema de la relación entre el libre albedrío y la predestinación. El versículo que estamos estudiando les dice a los filipenses, y ciertamente nos dice a nosotros, que cualquier bien que hagamos o que deseemos hacer es obra de Dios; que **Dios es el que en vosotros** (y en nosotros) **produce así el querer como el hacer**. Y si nos preguntamos por qué Dios hace tal cosa, haciendo que unos hagan y deseen lo bueno, y no llevando a los demás por el mismo camino, aquí Pablo parece estar diciendo que eso se debe al designio divino, a **su buena voluntad**. Aunque no nos guste, tenemos que afirmar esto, no solamente porque Pablo lo dice aquí y en otros lugares, o porque aparece en otros pasajes bíblicos del Antiguo Testamento, porque negarlo tiene consecuencias desastrosas. Si olvidamos que cualquier bien que deseemos, y cualquier bien que hagamos, es obra de Dios actuando en nosotros, corremos el riesgo de darnos una importancia y unos méritos que no nos corresponden. En tal caso, llegamos al punto de atribuirnos la salvación a nosotros mismos: "Yo me salvé porque quise salvarme; y tú te pierdes porque no haces lo que yo hice". En otras palabras, al tiempo que hablamos de la salvación por la fe, y no por obras, hacemos de la fe misma una obra que algunos deciden hacer y otros no. Tal cosa sería totalmente contraria a lo que Pablo ha estado diciendo acerca de la humildad, pues no lleva a una fe humilde, sino a una soberbia que se hace pasar por fe. Luego, tal solución (un énfasis exclusivo en la iniciativa del humano para creer) no es totalmente aceptable. Dicho tajantemente, un énfasis exclusivo en el libre albedrío a la postre corrompe nuestro propio albedrío.

Frente a eso se levantan pasajes como este, en el que se habla de las obras de Dios para que el humano crea y le sirva. Si **Dios es el que en vosotros produce así el querer como el hacer**, no hay lugar para gloriarnos por haber creído, o en pensar que quien no cree es inferior a quien cree, pues es solamente cuestión de las malas decisiones de esas otras personas, y las buenas nuestras. Por eso Pablo hace advertencias como la que estamos estudiando, afirmando que toda buena obra y todo buen deseo vienen de Dios. Si Dios produce en nosotros cualquier bien que deseemos o hagamos, parece que no hay tal cosa como un libre albedrío. Esto ciertamente tiene la ventaja de que no nos permite afirmar con una soberbia pecaminosa que, si nosotros creímos y otros no, eso se debe a nuestras propias decisiones y no a Dios. Pero presenta dos enormes dificultades. La primera es que, si en la Biblia se afirma la predestinación, también se afirma el libre albedrío. Prueba de ello es esta misma epístola que estamos estudiando, en la que Pablo repetidamente exhorta a sus lectores a ser humildes, hacer el bien, etc. Si los filipenses no pueden tomar decisiones respecto a tale cosas, ¿para qué escribirles? La segunda dificultad es todavía más seria. Si todo lo que hacemos, y por tanto también lo que no hacemos, es obra de Dios, ¿no estamos implicando que Dios es quien hace que se pierdan?

¿Qué hemos de decir entonces, predestinación, o libre albedrío? Tenemos que decir "predestinación y libre albedrío", afirmando que ambos son necesarios para expresar la fe cristiana, y al mismo tiempo confesando que nuestra mente no es capaz de entender ni siquiera de sugerir posibles soluciones. Nos inclinemos hacia un extremo u otro, hacemos mal en no ver la necesidad de la postura opuesta. Quienes afirman la predestinación, añádanle una dosis de libre albedrío, para aceptar responsabilidad por nuestras propios deseos y acciones. Y quienes afirman el libre albedrío, añádanle una dosis de predestinación, para no imaginar que la salvación y el amor de Dios son algo que se han ganado.

2:14 | Haced todo sin murmuraciones y contiendas: Esta exhortación inmediatamente pone de manifiesto que no se trata solamente de la voluntad y acción de Dios. Sí, Dios obra en nosotros tanto el querer como el hacer; pero ocúpense de querer y hacer el bien. La referencia a las murmuraciones y contiendas, tema mencionado antes, nos recuerda que la iglesia de Filipos, a pesar de ser la predilecta de Pablo, tenía sus problemas. Entre ellos el principal parece haber sido el de los desacuerdos y divisiones. Más adelante Pablo se dirigirá por nombre a algunos de los líderes en los desacuerdos; pero una vez más lleva a los filipenses a ver la gravedad de las actitudes divisivas.

2:15 | para que seáis irreprensibles y sencillos, hijos de Dios sin mancha: El sentido está claro. Pero cabe sugerir que el ser **hijos de Dios** requiere que de algún modo nos asemejemos a este cuyos hijos somos. Y este es un Dios que se despojó a sí mismo, que tomó forma de siervo, que fue obediente hasta la terrible muerte de cruz. Respecto a esto, merece notarse que Pablo les exhorta no solamente a ser **irreprensibles,** cosa que los cristianos de hoy sabemos de sobra, y **sencillos**. La etimología misma de esta última palabra nos aclara su sentido, pues quiere decir "sin gancho". Ser sencillo es no tener dobleces, no decir una cosa y pensar otra. La falta de sencillez, sobre todo por parte de quien se considera irreprensible, ha sido y sigue siendo una de las principales causas de las disensiones en la iglesia.

en medio de una generación maligna y perversa: Para nosotros, una generación es un grupo de contemporáneos; es cuestión de tiempo. Así decimos, por ejemplo, "la generación del treinta" o "la nueva generación". Pero en la antigüedad esa misma palabra tenía otro sentido diferente, pues se refería más bien a un grupo de personas descendientes de una misma raíz (*gen*erados o en*gen*drados) de ella. Luego, el vivir **en medio de una generación maligna y perversa** no quiere decir que los filipenses hayan vivido en un tiempo en el que las gentes eran particularmente malignas. La generación en cuyo medio viven no son solamente sus contemporáneos, sino toda la raza humana.

2:15-16 | resplandecéis como luminares en el mundo; asidos de la palabra de vida: Esto nos recuerda el primer capítulo de Juan, donde se nos dice que "la luz resplandece en las tinieblas, y las tinieblas no la dominaron" (Jn 1:5). La semejanza es más cercana si tenemos en cuenta que lo que aquí se traduce como **la palabra de vida**, bien podría traducirse como "el Verbo de vida"; y en Juan leemos también que "en él [el Verbo] estaba la vida, y la vida era la luz de los hombres" (Jn 1:4).

para que en el día de Cristo yo pueda gloriarme de que no he corrido en vano, ni en vano he trabajado: Pablo les invita a ser parte de su gloria, cuando en el juicio final se vea que los filipenses, su obra, han permanecido firmes.

2:17 | Y aunque sea derramado en libación sobre el sacrificio y servicio de vuestra fe, me gozo y regocijo con todos vosotros: Una **libación** era el vino u otro líquido que se derramaba en honor a los dioses. (Hasta el día de hoy, entre algunos pueblos de América Latina, es costumbre, al beber algo, primero derramar un poco en la tierra, en honor a la Madre Tierra). Tal libación tendría dos dimensiones: por una parte, era un desperdicio, algo que se vertía sobre el suelo, y que no se bebía; pero por otra parte era algo ofrecido a los dioses, y por tanto de más valor que el vino que no se derramaba, sino se bebía. En Israel había prácticas parecidas: "Jacob erigió [...] una señal de piedra, derramó sobre ella una libación y echó sobre ella aceite" (Gn 35:14). En cuanto a Pablo, antes dijo que esperaba ser librado de la prisión, y también se enfrentó a la posibilidad de la muerte. Aquí vuelve a mencionar esa posibilidad, pero la ilustra con una imagen tomada de las prácticas sacrificiales tanto de judíos como de gentiles. Él mismo bien puede ser "derramado" en sacrificio, lo cual puede leerse como lo que ocurriría más tarde, cuando Pablo fue decapitado y su sangre se derramaría. En todo caso, Pablo se está refiriendo a la posibilidad de su propio martirio. Como el vino que se derrama en la tierra, él parecerá perderse o deshacerse, cuando en realidad se eleva para estar con Dios.

Pero entonces las palabras del Apóstol toman un giro diferente: si él (o su sangre) es derramado, esto será sobre otro sacrificio ofrecido a Dios, **sobre el sacrificio y servicio de vuestra fe**. ¡Palabras sorprendentes! Pablo se ofrecerá en sacrificio; pero los filipenses ya están ofreciendo su propio sacrificio.

La palabra que aquí se traduce como servicio merece atención especial. Se trata de la palabra *leitourgía*, de donde se deriva nuestro término "liturgia". Frecuentemente, basándose en la etimología de la palabra, se dice que *leitourgía* quiere decir "la obra del pueblo". Esto es cierto, pues la palabra misma es una combinación de dos palabras griegas que tienen esos significados. Pero la palabra misma tiene una historia interesante. Antiguamente, era literalmente el trabajo del pueblo. Diversos gobiernos, ciertamente el de Atenas, exigían de algunos de sus gobernados cierto tiempo de servicio o trabajo, como si fuera un impuesto. Luego, la *leitourgía* era literalmente la obra del pueblo, que tenía que trabajar en beneficio del gobierno y de la sociedad en general. De ahí, en una serie de cambios que no es difícil explicar, se pasó a llamar *leitourgía* a los servicios que cualquier órgano le presta al cuerpo, o que cualquier funcionario le presta a la comunidad, particularmente los servicios sacerdotales. No es raro encontrar referencias judías a la *leitourgía* de los sacerdotes, es decir, a su servicio ante Dios en beneficio del pueblo. De ahí, entre cristianos el sentido de la misma palabra vino a ser la comunión, que desde el principio fue el centro del culto cristiano. Y, por último, debido a ese uso, se empezó a usar la palabra "liturgia" para cualquier forma de cualquier culto, particularmente en las iglesias que siguen formas predeterminadas en su culto. A pesar de tantos siglos, todavía al hablar del culto como "liturgia" hay un lejano reflejo del sentido original de la *leitourgía*, como lo que el pueblo hace por mandato gubernamental, como se ve por ejemplo en el Libro de Oración Común de las iglesias anglicanas, donde los creyentes afirman que ese culto es "nuestro deber y obligado servicio". Luego, la palabra que Pablo usa aquí al decir "vuestro **servicio**" tiene la connotación de mandato u obligación, ya sea el "servicio" en el que se le rinde culto a Dios como en el "servicio" que se presta a los necesitados.

me gozo y regocijo con todos vosotros: ¡Palabras más sorprendentes todavía! Tras ofrecerse en sacrificio, de ser necesario, y tras reconocer el sacrificio y la *leitourgía* de los filipenses, Pablo les dice: **me gozo y regocijo con todos vosotros**. La traducción presente puede llevarnos a entender esto como si Pablo se estuviera repitiendo, pues las palabras **gozo** y **regocijo** quieren decir lo mismo. El texto original deja ver claramente que Pablo dice primero que se goza, y luego que se regocija juntamente con ellos.

Probablemente esto se vería más claramente si se tradujera como "me gozo, y con vosotros me regocijo".

Aclarado eso, sin embargo, hay que volver al punto central de este versículo, que Pablo se goza, y comparte el gozo de los filipenses aun cuando tanto él como los filipenses pasen por duras pruebas, y hasta por el sacrificio de la muerte. Aunque otros no lo entiendan, Pablo declara, y los filipenses han de entender, que las tribulaciones no deshacen ni destruyen el verdadero gozo cristiano. Esto ha sido experiencia de la iglesia a través de los siglos: en tiempos de persecución y muerte, en tiempos de burla y desprecio, y en todo otro tiempo.

Aquí es necesaria una advertencia. Cuando Pablo dice que el sacrificio y la muerte no destruyen el gozo cristiano, no está diciendo que lo produzcan. Nótese que al principio del versículo aparece la palabra **aunque**. No dice que quiere derramarse en libación, sino que ni siquiera en tal caso perdería su gozo. No es cuestión de buscarse dificultades y dolores para entonces gozarse en Cristo. La iglesia antigua no consideraba mártires a quienes buscaban el martirio, los llamados "espontáneos". Y la iglesia de hoy no debe alentar a quienes parecen sufrir de lo que comúnmente se llama "complejo de mártir". Lo que Pablo dice es que el gozo cristiano permanece aun en medio de las más grandes dificultades. El poeta mexicano Amado Nervo lo dijo bellamente:

> Pastor te bendigo por lo que me das.
> Si nada me das, también te bendigo.
> Te sigo riendo si entre rosas vas.
> Si vas entre cardos y zarzas te sigo.
> Contigo en lo menos, contigo en lo más,
> ¡y siempre contigo!

2:**18 | Y asimismo gozaos y regocijaos también vosotros conmigo:** Estas palabras son la contraparte de lo que acaba de decir en el versículo 17. Allí les dice que se regocija con ellos. Aquí les invita a regocijarse con él. El regocijo no es un gozo privado, sino que se comparte con otros; y en reciprocidad esos otros lo comparten con uno.

9

Envío de dos colaboradores

2:19-30

19 Espero en el Señor Jesús enviaros pronto a Timoteo, para que
yo también esté de buen ánimo al saber de vuestro estado;
20 pues a ninguno tengo del mismo ánimo, y que tan sincera-
mente se interese por vosotros. 21 Porque todos buscan lo suyo
propio, no lo que es de Cristo Jesús. 22 Pero ya conocéis los mé-
ritos de él, que como hijo a padre ha servido conmigo en el
evangelio. 23 Así que a éste espero enviaros, luego que yo vea
cómo van mis asuntos; 24 y confío en el Señor que yo también
iré pronto a vosotros.

25 Mas tuve por necesario enviaros a Epafrodito, mi herma-
no y colaborador y compañero de milicia, vuestro mensajero, y
ministrador de mis necesidades; 26 porque él tenía gran deseo
de veros a todos vosotros, y gravemente se angustió porque
habíais oído que había enfermado. 27 Pues en verdad estuvo
enfermo, a punto de morir; pero Dios tuvo misericordia de él, y
no solamente de él, sino también de mí, para que yo no tuviese
tristeza sobre tristeza. 28 Así que le envío con mayor solicitud,
para que al verle de nuevo, os gocéis, y yo esté con menos
tristeza. 29 Recibidle, pues, en el Señor, con todo gozo, y tened
en estima a los que son como él; 30 porque por la obra de Cristo

estuvo próximo a la muerte, exponiendo su vida para suplir lo que faltaba en vuestro servicio por mí.

2:19 | Espero en el Señor Jesús enviaros pronto a Timoteo: Pablo está preso, y no puede ir personalmente a Filipos. En su lugar piensa mandar a Timoteo. Anuncia esa posible visita de uno de sus principales colaboradores, y hace uso de esta carta para recomendarle y anunciar su posiblemente próxima visita. Es probable que esto sea parte del propósito de Pablo al mencionar el nombre de Timoteo junto al suyo al principio mismo de la epístola: "Pablo y Timoteo, siervos de Jesucristo, a todos los santos" (1:1). Al decir **espero en el Señor**, está anunciando que se propone ir a Filipos cuando las condiciones lo permitan. Como hemos visto, en ocasiones Pablo habla de una posible venida casi como una amenaza. Aquí, aunque hay un tono diferente, centrado en el gozo y la gratitud de Pablo por lo que los filipenses han hecho por él y por los hermanos en Jerusalén, hay también matices de advertencia y reprensión. Repetidamente en esta carta, Pablo ha subrayado la necesidad del amor y la unidad, y les ha advertido que no se dejen llevar por contiendas o por vanagloria. Todo esto parece indicar que, al tiempo que Pablo se regocijaba por lo que oía acerca de la iglesia en Filipos, también le preocupaban algunos desacuerdos entre sus miembros. Más adelante (4:2-3), Pablo mencionará por nombre a algunos que parecen ser líderes de diversos grupos.

para que yo también esté de buen ánimo al saber de vuestro estado: Esto da a entender que Pablo les envía a Timoteo, no para que permanezca con ellos, sino para que, tras visitarles, regrese a donde Pablo y le traiga informes. Como de paso, Pablo les dice que espera que al saber de ellos esto le dé **buen ánimo**, lo cual tiene tonalidades de advertencia, para que no sigan el camino de los desacuerdos y contiendas.

2:20 | pues a ninguno tengo: Esto no quiere decir que no haya otros de igual ánimo, sino sencillamente que no hay otro entre quienes Pablo tiene disponibles para enviar a Filipos.

del mismo ánimo: Aquí Pablo emplea una palabra poco común, *isópsyjos.* Es una palabra compuesta de *psyjé* (alma, como en "psicología") y el prefijo *iso*, que quiere decir "igual" o "mismo" (como en "*isó*topo"). La traducción **del mismo ánimo** es buena, aunque traduzca una palabra con varias. Pero cabe preguntarnos a qué se refiere al decir mismo ánimo. Esto se aclara al notar que en el versículo 19 Pablo acaba de referirse a su buen ánimo. La palabra que allí emplea es el verbo *eupsyjó*, que le antepone a *psyjé*, alma, el prefijo *eu*, que quiere decir "bueno". En una palabra, cuando Pablo dice que Timoteo es **del mismo ánimo**, quiere decir que es del mismo buen ánimo del versículo 19.

y que tan sinceramente se interese por vosotros: Hay entonces dos razones para enviar a Timoteo: que tiene el buen ánimo que Pablo desea, y que se interesa por los filipenses. Al recibir esta carta, los creyentes en Filipos entenderían que Pablo une a Timoteo como coautor de la epístola, y que además ha discutido con él los asuntos de esa iglesia.

2:21 | Porque todos buscan lo suyo propio, no lo que es de Cristo Jesús: Si se toman literalmente, estas palabras son duras. Pero aparentemente el **todos** a que Pablo se refiere no es absoluto. Se trata más bien de un comentario acerca de todos los que de otro modo podría enviar. Esto es un elemento más para su recomendación de Timoteo: no hay otro en quien Pablo confiaría tanto como en Timoteo.

2:22 | Pero ya conocéis los méritos de él, que como hijo a padre ha servido conmigo en el evangelio: La recomendación continúa: la relación entre Pablo y Timoteo es como la que hay entre un hijo y un padre. En este contexto, Pablo les está diciendo a los filipenses que Timoteo goza de toda su confianza, y que es quien mejor puede representarle.

2:23 | Así que a este espero enviaros, luego que yo vea cómo van mis asuntos: Aunque Timoteo sería el enviado idóneo, todavía Pablo no puede deshacerse de él. Hasta que Pablo **vea cómo van mis asuntos**, hay cuestiones pendientes, posiblemente la de la libertad o muerte del propio Pablo, que han de resolverse antes que Timoteo pueda dejar al Apóstol.

2:24 | y confío en el Señor que yo también iré pronto a vosotros: Pablo reitera lo que dijo antes acerca de su esperanza de visitarles.

2:25 | Mas tuve por necesario enviaros a Epafrodito: El nombre de **Epafrodito** a veces se abreviaba como "Epafras". Esto ha llevado a algunos a suponer que el Epafrodito de filipenses es el Epafras que aparece en Colosenses y en Filemón (como sucede con la "Priscila" de Hechos, a quien Pablo llama "Prisca"). Epafras dio a conocer el evangelio en la región de Colosas, Laodicea y Hierápolis, tres ciudades cercanas entre sí, y bastante distantes de Filipos, pues las primeras estaban en el centro de lo que hoy es Turquía, y Filipos estaba al otro lado de los Dardanelos, en Macedonia. Epafrodito parece haber sido un líder de la iglesia en Filipos, sin relación directa con Colosas, Hierápolis o Laodicea.

La razón por la que Pablo dice **tuve por necesario** es múltiple, y se aclarará al estudiar el resto del pasaje. Por lo pronto cabe señalar que Pablo acaba de decir que ni él ni Timoteo pueden ir a Filipos inmediatamente. Por eso es necesario que sea Epafrodito quien lleve a sus destinatarios la carta que anuncia las posibles visitas de Timoteo y de Pablo. Además, también Pablo acaba de decir que, aparte de él mismo y de Timoteo, no tiene consigo a nadie completamente digno de confianza: "todos buscan lo suyo propio".

mi hermano y colaborador y compañero de milicia, vuestro mensajero, y ministrador de mis necesidades: Los filipenses, quienes habían enviado a Epafrodito a donde Pablo llevándole ayuda, probablemente sabrían todo esto. Pablo dice que Epafrodito es **mi hermano y colaborador y compañero de milicia**, para que los filipenses tengan constancia del aprecio de Pablo por Epafrodito. A esto añade que Epafrodito es **vuestro mensajero,** lo cual no era necesario decirles a los filipenses, como expresión de gratitud a la iglesia toda de Filipos por haberle mandado a Epafrodito, y por la ofrenda que este le había llevado de parte de los filipenses. Por último, al llamarle **ministrador de mis necesidades**, Pablo les hace saber que, además de traerle la ofrenda, Epafrodito le sirvió.

2:26-27 | porque él tenía gran deseo de veros a todos vosotros, y gravemente se angustió porque habíais oído que había enfermado. Pues en verdad estuvo enfermo, a punto de morir; pero Dios tuvo misericordia de él, y no solamente de él, sino también de mí, para que yo no tuviese tristeza sobre tristeza: La historia está clara, Epafrodito fue a donde Pablo par llevar la ofrenda de los filipenses. Allí no solamente colaboró con Pablo, sino que también enfermó de gravedad. El propio Epafrodito sabía que la noticia de su enfermedad había llegado a Filipos, y estaba ansioso de darles la noticia de su recuperación. Ahora su mejoría es motivo de alegría para Pablo.

2:28-29 | Así que le envío con mayor solicitud, para que al verle de nuevo, os gocéis, y yo esté con menos tristeza. Recibidle, pues, en el Señor, con todo gozo: Una vez más asoma el tema del gozo, aunque ahora no se trata de regocijarse por la buena nueva del evangelio, sino sencillamente por la recuperación de un hermano querido. Pablo envía a Epafrodito en parte para que los filipenses compartan del gozo que él mismo siente por la recuperación de su "compañero de milicia".

y tened en estima a los que son como él: Los filipenses conocen a Epafrodito, y Pablo les dice que han de estimar a quienes son como él. Como le conocen, Pablo no tiene que explicarles lo que quiere decir con esto. Pero nosotros no tuvimos la dicha de conocerle, y quisiéramos saber más de este hombre admirable. Pero lo poco que sabemos basta para notar que lo que Pablo dice entonces vale también hoy. En la sociedad en general se admira el éxito económico, la fama, el donaire. Pablo nos recuerda que entre los discípulos de Jesús no ha de ser así, pues el mayor es quien mejor sirve (véase Lc 22:24-27). Y, si aquí Pablo invita a los filipenses a ser como Epafrodito, ¡más adelante (3:17) se atreverá a decirles que tomen al mismo Pablo por modelo!

2:30 | porque por la obra de Cristo estuvo próximo a la muerte, exponiendo su vida: Algunos de los manuscritos más antiguos dicen sencillamente **la obra**, mientras otros dicen **la obra de Cristo**, la obra del Señor Cristo, o la obra de Dios. Aunque haya tales diferencias, el sentido es el mismo. Aquí se usa la expresión "la obra" de manera semejante a como se usa frecuentemente hoy, al hablar de servir "en la obra".

No se sabe por qué Pablo dice que Epafrodito se arriesgó **exponiendo su vida**. Esto puede referirse a su enfermedad, o a algún riesgo específico que Epafrodito tomó en bien de la obra.

para suplir lo que faltaba en vuestro servicio por mí: El riesgo y la obra de Epafrodito vinieron a colmar todo el bien que los filipenses habían hecho por Pablo. La frase **vuestro servicio por mí** es literalmente vuestra *leitourgía.* En vista de lo que hemos dicho anteriormente sobre el sentido original de esa palabra, como una obligación debida al estado o a sus gobernantes, bien podemos pensar que Pablo no ve lo que Epafrodito ha hecho por él solamente como una obra de amor o de misericordia, sino también como una obligación que Epafrodito tiene por el solo hecho de ser cristiano. Para el creyente, el amor y el servicio no son una opción, sino una obligación. Son parte de la *leitourgía*, el "obligado servicio" que Dios requiere de nosotros.

10

Lo que de veras vale

3:1-11

1 Por lo demás, hermanos, gozaos en el Señor. A mí no me
es molesto el escribiros las mismas cosas, y para vosotros es
seguro.
2 Guardaos de los perros, guardaos de los malos obreros,
guardaos de los mutiladores del cuerpo. 3 Porque nosotros so-
mos la circuncisión, los que en espíritu servimos a Dios y nos
gloriamos en Cristo Jesús, no teniendo confianza en la car-
ne. 4 Aunque yo tengo también de qué confiar en la carne. Si
alguno piensa que tiene de qué confiar en la carne, yo más:
5 circuncidado al octavo día, del linaje de Israel, de la tribu de
Benjamín, hebreo de hebreos; en cuanto a la ley, fariseo; 6 en
cuanto a celo, perseguidor de la iglesia; en cuanto a la justicia
que es en la ley, irreprensible. 7 Pero cuantas cosas eran para
mí ganancia, las he estimado como pérdida por amor de Cristo.
8 Y ciertamente, aun estimo todas las cosas como pérdida por
la excelencia del conocimiento de Cristo Jesús, mi Señor, por
amor del cual lo he perdido todo, y lo tengo por basura, para
ganar a Cristo, 9 y ser hallado en él, no teniendo mi propia jus-
ticia, que es por la ley, sino la que es por la fe de Cristo, la justi-
cia que es de Dios por la fe; 10 a fin de conocerle, y el poder de su
resurrección, y la participación de sus padecimientos, llegando

a ser semejante a él en su muerte, [11] si en alguna manera llegase a la resurrección de entre los muertos.

3:1 | Por lo demás, hermanos: Las palabras **por lo demás** dan a entender que lo que sigue es, o bien resumen de lo dicho, o bien unas breves instrucciones sobre otros temas. En realidad, lo que sigue es ambas cosas.

gozaos en el Señor: Una vez más nos topamos con el tema del gozo. Ese tema continuará hasta el final de la epístola. Más adelante Pablo volverá sobre el tema de la unidad y la necesidad de evitar las contiendas. Pero ahora va a tratar sobre otros temas que no han relucido hasta este punto, particularmente el tema de la insuficiencia de la Ley para salvar.

A mí no me es molesto el escribiros las mismas cosas, y para vosotros es seguro: Pablo les advierte que va a repetir lo que ha dicho, pero inmediatamente le veremos pasar a un tema que apenas ha aparecido en la carta hasta este punto, el de la relación entre la Ley y la salvación. Luego, cuando dice que les está escribiendo las mismas cosas, no se está refiriendo únicamente a lo que ya hemos leído en esta carta, sino también a lo que les ha dicho en otra ocasión. Algunos estudiosos sugieren que lo que ha sucedido es que el texto que tenemos no es una sola carta, sino una combinación de varias. Según esa teoría, que no ha alcanzado aceptación general, la razón por la que en el texto presente se introduce un nuevo tema como si fuera repetición de lo ya dicho, es porque en realidad lo que pasamos a estudiar ahora es una porción de otra carta que Pablo les había escrito anteriormente.

A mí [...] para vosotros es seguro: Les está diciendo que no se preocupen por la repetición de lo que les ha dicho antes, sino que prestar atención a la advertencia que ahora repite.

3:2 | Guardaos de los perros, guardaos de los malos obreros, guardaos de los mutiladores del cuerpo. Estas tres advertencias no son sino una, en la que Pablo les advierte contra el mismo peligro, los "judaizantes" que insisten en que los cristianos, incluso los gentiles, han de ajustarse a toda la Ley, tanto en lo moral como en lo ritual, como las leyes dietéticas y la circuncisión. Este es un tema que ocupa un lugar central tanto en Romanos como en Gálatas. Aunque aquí Pablo lo introduce solamente cuando parece estar a punto de concluir su carta, es de suponerse que los propugnadores de la postura judaizante habían llegado también a Filipos, y que Pablo habría ya advertido a sus seguidores acerca de ellos. Tales advertencias serían parte de las "mismas cosas" que Pablo ahora les repite.

Lo que se traduce por **guardaos** es una forma del verbo *blépo*: mirar. Luego, la advertencia de Pablo bien podría traducirse a nuestro uso de hoy como: "Ojo con los perros". El versículo entonces diría: "Ojo con **los perros,** ojo con **los malos obreros,** ojo con **los mutiladores del cuerpo**". Esta expresión se repite tres veces, lo cual le da mayor fuerza. Para un hebreo, una triple repetición era equivalente al superlativo en nuestra lengua, de modo que decir, por ejemplo, "alto, alto, alto" quería decir "supremo". Luego, Pablo les está diciendo algo como "Muchísimo ojo con los perros, los malos obreros y los mutiladores del cuerpo".

Los **perros** eran animales despreciados entre los pueblos semitas, y ciertamente por los judíos, quienes los veían como inmundos. Según algunos textos antiguos, los judíos pensaban que los perros comían excremento, lo cual les hacía doblemente inmundos. Por tanto, llamar a alguien "perro" era un serio insulto. Hoy algunos sugieren que los cristianos judaizantes, así como los judíos mismos, llamarían a Pablo y sus seguidores "perros", pues les parecía que su vida era inmunda. En tal caso, Pablo les está devolviendo el insulto, al tiempo que declara que lo que es inmundo es lo que tales gentes enseñan.

los malos obreros: La palabra *ergátes*, obrero, aparece también en 2 Corintios 11:13, donde Pablo dice que los "superapóstoles" son "obreros fraudulentos". Esto es interesante, pues el propio Pablo acaba de referirse a "la obra de Cristo" (2:30). Más adelante, en 1 Timoteo 5:18 y 2 Timoteo 2:15, encontramos el mismo título de *ergátes* aplicado en contextos más positivos.

los mutiladores del cuerpo: Hasta aquí, Pablo nos ha dicho poco acerca de las enseñanzas de estas personas a quienes llama "perros" y "malos obreros". Ahora esta última repetición de la advertencia nos da el primer indicio de lo que enseñan los "perros" y "malos obreros": la circuncisión. Por eso Pablo les llama **mutiladores del cuerpo**.

3:3 | Porque nosotros somos la circuncisión: La frase "la circuncisión" quería decir no solamente el rito mismo, sino también el conjunto del pueblo de Israel. Luego, Pablo no está diciendo solamente que la circuncisión no hace falta, sino también que hay una nueva circuncisión a la cual él y sus seguidores (**nosotros**) pueden llamar **la circuncisión**.

los que en espíritu servimos a Dios y nos gloriamos en Cristo Jesús, no teniendo confianza en la carne: Esta nueva circuncisión no se basa en **la carne**, lo que antes llamó la mutilación del cuerpo, sino que es **en espíritu**. Esos otros tienen su **confianza en la carne**, mientras que lo que Pablo propone es que quienes sirven a Dios en espíritu y se glorían en Cristo Jesús no depositan su **confianza en la carne**, ni se glorían en ella, sino **en Cristo Jesús**.

3:4 | Si alguno piensa que tiene de qué confiar en la carne, yo más: Estas palabras, y las que siguen, podrían interpretarse como un autoelogio por parte de Pablo, como si Pablo estuviera diciendo que él es mejor que los "perros" y "malos obreros". Pero tal no es el propósito de Pablo en estas líneas. Su propósito es más bien dejar en claro que su oposición a los "judaizantes" no es que sean más o mejores judíos que él. No importa con qué medida juzguen lo que es un buen judío, Pablo les sobrepasa. Nótese que Pablo empieza ofreciendo la medida que sus contrincantes usan, el **confiar en la carne**. Más adelante Pablo insistirá en que ese

confiar en la carne de nada sirve. Pero por ahora, antes de pasar a ese tema, les recordará que, si tal fuera la medida adecuada, el mismo les sobrepasaría: **Si alguno [...] yo más.**

3:5 | circuncidado al octavo día: Puesto que la circuncisión era elemento central en el debate, y símbolo o resumen de todo él, Pablo empieza por ese punto. Si ellos han sido circuncidados, él también; y a los ocho días de edad, como manda la Ley.

del linaje de Israel, de la tribu de Benjamín, hebreo de hebreos: No solamente ha sido circuncidado, como podría serlo cualquier gentil que se haga prosélito judío, sino que su sangre es absolutamente judía: **del linaje de Israel**. Lo que es más, pertenece a la tribu de Benjamín y, aunque no lo dice, lleva el nombre de "Saulo", quien fue también el único rey de la tribu de Benjamín. Y es **hebreo de hebreos**. Esta construcción quiere decir "más hebreo que nadie", como decir "Señor de señores" quiere decir estar por encima de todo señor, y "rey de reyes" significa ser más rey que cualquiera otro.

en cuanto a la ley, fariseo: Aunque para muchos hoy la palabra "fariseo" tiene connotaciones despectivas, tal no era el caso entonces entre los judíos. Lo que es más, la razón de los constantes conflictos entre Jesús y los fariseos que vemos en los Evangelios no es que los fariseos fueran malos o irreligiosos, sino más bien que eran los mejores entre los judíos. Se ocupaban sobre todo de estudiar la Ley para determinar cómo debía aplicarse en diversas circunstancias. Por eso, **en cuanto a la ley**, Pablo se declara **fariseo**. Esto quiere decir que esos otros que le acusan de no respetar la Ley tienen que reconocer que Pablo viene de la más estricta observancia de la Ley.

3:6 | en cuanto a celo, perseguidor de la iglesia: Nadie puede acusarle de no tomar en serio su fe judía, pues lo manifestó con sus acciones.

en cuanto a la justicia que es en la ley, irreprensible: Una traducción más literal sería: "Habiendo llegado a ser irreprensible en la justicia que es en la Ley". Es decir, que nadie puede acusarle de haber sido más judío.

3:7-8 | Pero cuantas cosas eran para mí ganancia, las he estimado como pérdida por amor de Cristo. Y ciertamente, aun estimo todas las cosas como pérdida por la excelencia del conocimiento de Cristo Jesús, mi Señor, por amor del cual lo he perdido todo, y lo tengo por basura, para ganar a Cristo: Estas palabras son bien conocidas, pues frecuentemente se citan para decir que, comparado al gozo del Evangelio, todo lo demás vale poco. Ese uso es perfectamente legítimo, pero para entender correctamente lo que Pablo está diciendo tenemos que notar la diferencia entre lo que dice en el versículo 7 y lo que dice en el 8. En el 7 está volviendo a todas esas cosas que acaba de mencionar acerca de su fidelidad, pureza y celo dentro de los parámetros de la Ley. Ese versículo por sí solo parece referirse a todas esas supuestas "ganancias" religiosas. Si solamente tuviésemos ese versículo, tendríamos que concluir que las **cosas** de Pablo dice "**eran para mí ganancia**" no son ante todo propiedades, dinero, fama, etc. Pablo acaba de mencionar una serie de razones por las que podría gloriarse o en las que podría confiar: "circuncidado al octavo día, del linaje de Israel, de la tribu de Benjamín, hebreo de hebreos; en cuanto a la ley, fariseo; en cuanto a celo, perseguidor de la iglesia; en cuanto a la justicia que es en la ley, irreprensible". Es acerca de tales cosas que dice que antes le parecían ganancia, pero ahora las ve como pérdidas. Luego, las palabras de Pablo se refieren ante todo a medios por los que pensaba ganar el favor de Dios, a cuestiones de religión.

Entonces Pablo parece repetirse en el versículo 8: **aun estimo todas las cosas como pérdida por la excelencia del conocimiento de Cristo Jesús, mi Señor, por amor del cual lo he perdido todo, y lo tengo por basura, para ganar a Cristo.** Aquí no se trata ya únicamente de asuntos religiosos, o de la Ley, o del celo de Pablo. Aquí se trata de **todas las cosas.**

Cuando así vemos el texto, vemos que hay como dos niveles posibles de interpretación, ambos de gran importancia. El primero es el nivel religioso y moral, que se destaca en el versículo 7 como conclusión de lo que Pablo dijo antes. Así como Pablo confió en la Ley, así también hoy frecuentemente confiamos en nuestras buenas obras, en nuestra religiosidad, en nuestra vida moral, en nuestra ortodoxia, y otras cosas semejantes. Todo eso es bueno, y debemos continuarlo. Pero Pablo nos diría que todo eso no es ganancia; y que si seguimos confiando en ello vamos por mal camino, y esa confianza misma se vuelve pérdida. El segundo nivel es el de las **cosas** en general: las posesiones, el prestigio, los halagos, etc. También en este nivel es cierto que si confiamos en tales posesiones confiaremos en vano, y que esto resultará en pérdida. Jesús mismo señaló esa realidad en su parábola de la perla de gran precio: "el reino de los cielos es semejante a un mercader que busca buenas perlas, que habiendo hallado una perla preciosa, fue y vendió todo lo que tenía, y la compró" (Mt 13:45-46). Para aquel mercader todo lo que antes tenía era valioso, y podía confiar en ello. Pero ahora que ha visto la perla preciosa, tiene que decidir entre aquellos otros bienes y la perla de gran valor. Si se aferra a sus bienes, no podrá tener la perla. Tiene que estar dispuesto a deshacerse de lo que antes le parecía tan valioso. Si no lo hace, todo eso que antes era "**ganancia**" ahora se le volverá "**pérdida**", pues no le permitirá tener la perla de gran precio. Volviendo a Pablo, si se aferra a su obediencia a la Ley, o a su comodidad y holgura, perderá esa perla de gran precio que es el reino de los cielos. Es por eso que dice que todos sus logros, todo lo que antes fue motivo de orgullo, lo tiene ahora por pérdida.

Y Pablo no está hablando de teorías, sino más bien de una realidad que él mismo ha vivido y sigue viviendo. La razón por la que sus valores han cambiado tan radicalmente es **la excelencia del conocimiento de Cristo Jesús, mi Señor**. No es en busca de algún logro o triunfo que lo ha **perdido todo**, y que lo tiene

por basura. La palabra que aquí se traduce por **basura** (*skýbalon*) es mucho más fuerte que la que antes usó al hablar de **pérdida** (*semía*). La pérdida puede ser un daño cualquiera, o una decisión económica que tuvo resultados negativos. Pero el *skýbalon* es, como dice nuestra traducción, **basura** y mucho más: tierra, polvo, y hasta estiércol. Esta palabra se contrasta con Cristo: lo tengo por **basura** para ganar a **Cristo**. Como aquel mercader de perlas, Pablo se ha deshecho de todo para alcanzar la perla preciosa.

3:9 | y ser hallado en él: La frase y ser hallado en él completa lo que estaba diciendo en el versículo anterior, "por ganar a Cristo y ser hallado en él". (La división en capítulos y versículos no era parte original del texto bíblico, sino que se añadieron bastante más tarde para ayudarnos a encontrar pasajes particulares. Desafortunadamente, en algunas ocasiones esas divisiones, que nos ayudan a encontrar pasajes y a referirnos a ellos, parecen desconectar lo que es de una sola pieza).

En todo caso, lo de ser hallado en Cristo merece atención. Hoy no siempre tomamos esa frase con toda su fuerza original. Así, si alguien nos pregunta qué es "estar en Cristo", posiblemente le responderemos que es creer en él, o tenerle por amigo y compañero, o serle fieles. Naturalmente, todo eso es cierto. Pero la frase misma quiere decir mucho más. Pensemos en ella literalmente: "estar **en** Cristo". Pensar **en** una cosa no es estar en ella. Podemos pensar en Australia sin estar en Australia. Con la imaginación, hasta podemos viajar en el tiempo, e ir a tiempo de la Reforma del siglo XVI. Podemos hasta ver a Lutero confrontando a Carlos V. Pero a pesar de eso, no estaremos **en** el siglo XVI. En nuestro lenguaje común, que muchas veces refleja realidades profundas, usamos esa brevísima palabra, "en", en varios sentidos que nos ayudan a entender qué es eso de estar **en Cristo**. Un sentido de esa palabrita indica el lugar sobre el que plantamos los pies, el sitio que nos sostiene físicamente, como cuando decimos que estamos **en** una isla. En ese sentido, **estar en** Cristo es tenerle por fundamento para nuestra vida; es reconocer que sin él nada somos, y que por tanto todo lo que intentemos hacer se deshace. Un edificio está en o sobre un cimiento, y sin él se deshace. Jesús lo dijo claramente: "Cualquiera, pues, que me oye estas palabras, y las hace, le compararé a un hombre prudente, que edificó su casa sobre la roca. Descendió lluvia, y vinieron ríos, y soplaron vientos, y golpearon contra aquella casa; y no cayó, porque estaba fundada sobre la roca. Pero cualquiera que me oye estas palabras y no las hace, le compararé a un hombre insensato, que edificó su casa sobre la arena; y descendió lluvia, y vinieron ríos, y soplaron vientos, y dieron con ímpetu contra aquella casa; y cayó, y fue grande su ruina". En este sentido, estar en Cristo es construir nuestra vida, cada día y a cada momento de nuestras vidas, sobre la Roca que es Cristo. Esto es parte de lo que Pablo llama ser **hallado en él**.

En segundo lugar, "estar **en**" se refiere al contexto todo en que estamos, y a la manera en que ese contexto nos limita y nos da oportunidades. Si digo que estoy **en** la cocina, estoy diciendo que lo que define mi vida en ese momento es la cocina. En la cocina puedo cocinar, conversar con otra persona, beber agua, y muchas otras cosas. Pero probablemente no puedo recostarme en un butacón cómodo. Hay ciertas cosas que están a mi alcance y que puedo hacer, y otras que no puedo hacer mientras esté en la cocina. Si en lugar de cocinar prefiero recostarme en mi butacón, tendré que abandonar la cocina. De esto también habla Jesús con fuertes palabras: "Ninguno puede servir a dos señores; porque o aborrecerá al uno y amará al otro, o estimará al uno y menospreciará al otro. No podéis servir a Dios y a las riquezas" (Mt 6:25). Vivir **en Cristo** es tenerle como contexto constante de nuestras vidas, servirle como Señor, y por tanto hacer solo lo que corresponda a ese contexto, y no hacer nada que no encaje en él. Esto también es parte de lo que Pablo llama ser **hallado en él**.

Pero la palabra en tiene un tercer sentido que también nos ayuda a entender lo que Pablo dice. Si digo que Fulano está **en** la policía, no me refiero a que esté en algún lugar preciso. Fulano está en la policía ya esté en el cuartel o ya en la calle dirigiendo el tránsito. Fulano está en la policía porque es parte del cuerpo policial, porque es miembro de la policía. Notemos lo del "cuerpo" y los "miembros". Lo que hace que Fulano sea policía es su relación con ese cuerpo y esos miembros. Si Fulano se deshace de su conexión con el cuerpo policial y con sus miembros, ya no será policía; no lo será siquiera si todavía viste el uniforme y se hace pasar por policía. En el Nuevo Testamento, repetidamente se usan imágenes semejantes para describir la vida de los creyentes y de la iglesia. Jesús lo dijo tajantemente "Yo soy la vid, vosotros los pámpanos; el que permanece en mí, y yo en él, éste lleva mucho fruto; porque separados de mí nada podéis hacer" (Jn 15:5). Pablo usa repetidamente otra imagen semejante: "de la manera que en un cuerpo tenemos muchos miembros, pero no todos los miembros tienen la misma función, así nosotros, siendo muchos, somos un cuerpo en Cristo, y todos miembros los unos de los otros" (Ro 12:4-5).

Ser "miembro" de la iglesia no es ser parte de una lista; es estar unido a Cristo y a la comunidad de sus discípulos de igual manera que cada miembro del cuerpo está unido al cuerpo y a todos los demás miembros. No se puede estar unido a la Cabeza sin ser parte del cuerpo. Eso de "yo puedo ser cristiano por mi cuenta" es una contradicción; es como si la mano dijera, "yo puedo ser mano por mi cuenta". Esto también es parte de lo que Pablo llama ser **hallado en él.**

no teniendo mi propia justicia, que es por la ley, sino la que es por la fe de Cristo, la justicia que es de Dios por la fe: Cuando hablamos de la Reforma Protestante, y de su énfasis en la justificación por la fe, inmediatamente vamos a Romanos 1:17. Esas palabras, y su contexto, fueron el pasaje con el que Lutero luchó y luchó hasta por fin descubrir que es Dios quien justifica; y esto, no porque hagamos buenas obras, sino por la fe. Pero este versículo en Filipenses lo dice con gran claridad, quizá hasta con más claridad. Aquí habla de dos justicias, una que es **mi propia** y **por la ley**, y que en realidad no justifica; y otra que **de Dios** y **por la fe**, y justifica verdaderamente. La diferencia es doble, pues tiene que ver por una parte con de **quién es la justicia**, y por otra por *cómo se alcanza*. El problema con la primera forma de justicia no está en que se haga lo que no se debe. No es que Pablo haya hecho algo malo, aunque en este mismo pasaje declara que persiguió a la iglesia, sino más bien que antes creyó que podía ganarse la justificación, el ser acepto ante Dios, mediante sus propias obras. Para él, la medida de tales obras era la Ley de Moisés; y, como él mismo reclama, en cuanto a ella fue "irreprensible". Luego, si la obediencia a la Ley fuera suficiente para justificar, Pablo hubiera sido justificado. Ahora, tras su encuentro con Cristo, todo esto ha cambiado. Ahora reconoce que es imposible ganarse la justificación ante Dios mediante la obediencia a la Ley; y, por extensión, podemos decir lo mismo acerca de cualquier obediencia. No es que la Ley sea mala, pues fue dada por Dios. El problema está en pretender justificarse ante Dios mediante ella. Y eso es imposible, pues ante la santidad de Dios nadie es justo. Como el propio Pablo declara, "No hay justo, ni aun uno" (Ro 2:10). Lutero y varios otros entre los reformadores entendieron que esto quiere decir que la justificación ante Dios no se basa en la justicia propia, sino en la gracia de Dios, quien declara justo a quien no lo es. Quien justifica a Pablo no es Pablo, sino Dios. Como Pablo mismo dice dos veces en este versículo, esa justicia es **por la fe**. Esa fe no es una obra más. No es que Dios me justifique porque yo me esfuerce en hacer algo, ni siquiera en tener fe, y menos todavía porque me esfuerce en creer ciertas doctrinas. Pablo no dice que la Ley sea mala, o que las buenas obras sean malas; más bien lo que dice es que Dios nos justifica dándonos una fe que nos permite servir a Dios, aun en medio de nuestro pecado y de nuestras imperfecciones.

3:10-11 | a fin de conocerle, y el poder de su resurrección, y la participación de sus padecimientos, llegando a ser semejante

a él en su muerte, si en alguna manera llegase a la resurrección de entre los muertos: El propósito de Pablo es conocer. Pero ese conocer tiene varias dimensiones: Es ante todo conocer a Dios. Es además conocer **el poder de su resurrección**. Y, por último, es conocer **la participación de sus padecimientos**. Todo esto nos indica que, al hablar de **conocerle**, Pablo se está refiriendo a esa relación personal que empleamos al distinguir entre "conocer" y "saber". Nunca decimos que "sabemos" a alguien. Decimos más bien que le "conocemos". Sabemos las cosas, sus características, los eventos que nos han contado. Así, aunque no digo que sepa a Fulano, sí puedo decir que sé que Fulano es paraguayo, que estudió en Asunción, y que ahora es pastor. Es decir, puedo saber acerca de Fulano; pero eso no es conocerle. Conocerle es estar ante él, interactuar con él. Conocer a Dios no es saber acerca de Dios o acerca de sus atributos. No es tampoco afirmar su existencia. (Si digo que sé de Fulano, estoy afirmando su existencia; pero no estoy diciendo que lo conozca). Conocer a Dios es algo más íntimo. Es como encontrarnos e interactuar con alguien. Lo que Pablo busca y a lo que nos invita buscar, no es ante todo saber más acerca de Dios, sino conocerle mejor. Conocerle existencialmente. Y eso se alcanza únicamente mediante la fe.

Esto no quiere decir que sea malo saber acerca de Dios. Al contrario, aunque nuestra mente solo pueda tener un entendimiento limitado de Dios, sí es importante que busquemos saber de él todo lo que nos sea posible. Negarse a hacerlo y decir que amamos a Dios sería como declararle nuestro amor a otra persona, decirle que queremos pasar con ella el resto de la vida, ¡pero que con lo que ya sabremos de ella nos basta, y no queremos aprender más! *Conocer* a una persona no conlleva querer *saber* más de ella; pero *conocerla* y *amarla* sí lo requiere.

Pero en este versículo, Pablo no dice solamente que quiere conocer al Señor, sino que también quiere conocer **el poder de su resurrección, y la participación de sus padecimientos**. En este punto debemos recalcar que verdaderamente conocer a alguien requiere unirse a las alegrías y las penas de esa otra persona. El conocer al Señor no es solamente cuestión de alabarle y cantarle acerca de nuestro amor. Es también cuestión de compartir en su resurrección y en su pasión. Pablo invierte aquí el orden cronológico de la vida de Jesús, refiriéndose a la pasión antes que a la resurrección, porque está construyendo un quiasmo (acerca de esto, véase la Introducción), como sigue:

A **el poder de su resurrección**
  B **la participación de sus padecimientos**
  B' **llegando a ser semejante a él en su muerte**
A' **si en alguna manera llegase a la resurrección de entre los muertos.**

Como hemos dicho, normalmente en un quiasmo lo que se quiere subrayar es lo que se dice en el centro. Por tanto, lo que Pablo está enfatizando aquí es la unión con Cristo en su pasión y muerte: participación que se traduce también en participación en su resurrección. En la iglesia antigua, esto le daba particular importancia a lo que hemos dicho acerca de la iglesia como el cuerpo de Cristo. Pablo está diciendo que la resurrección de la Cabeza de la iglesia es el comienzo de la resurrección de todo el cuerpo. Sabemos que resucitamos porque él ya resucitó, y porque somos parte del cuerpo del Resucitado.

11

Camino a la perfección

3:12—4:1

12 No que lo haya alcanzado ya, ni que ya sea perfecto; sino que
prosigo, por ver si logro asir aquello para lo cual fui también
asido por Cristo Jesús. 13 Hermanos, yo mismo no pretendo ha-
berlo ya alcanzado; pero una cosa hago: olvidando ciertamen-
te lo que queda atrás, y extendiéndome a lo que está delante,
14 prosigo a la meta, al premio del supremo llamamiento de Dios
en Cristo Jesús. 15 Así que, todos los que somos perfectos, esto
mismo sintamos; y si otra cosa sentís, esto también os lo reve-
lará Dios. 16 Pero en aquello a que hemos llegado, sigamos una
misma regla, sintamos una misma cosa.

17 Hermanos, sed imitadores de mí, y mirad a los que así se
conducen según el ejemplo que tenéis en nosotros. 18 Porque
por ahí andan muchos, de los cuales os dije muchas veces, y
aun ahora lo digo llorando, que son enemigos de la cruz de
Cristo; 19 el fin de los cuales será perdición, cuyo dios es el vien-
tre, y cuya gloria es su vergüenza; que sólo piensan en lo te-
rrenal. 20 Mas nuestra ciudadanía está en los cielos, de donde
también esperamos al Salvador, al Señor Jesucristo; 21 el cual
transformará el cuerpo de la humillación nuestra, para que sea
semejante al cuerpo de la gloria suya, por el poder con el cual
puede también sujetar a sí mismo todas las cosas.

[1]Así que, hermanos míos amados y deseados, gozo y corona mía, estad así firmes en el Señor, amados.

3:12 | No que lo haya alcanzado ya, ni que ya sea perfecto; sino que prosigo, por ver si logro asir aquello para lo cual fui también asido por Cristo Jesús: Lo que Pablo acaba de decir, y lo que dirá más adelante, podría tomarse como un elogio de sí mismo, como si estuviera diciendo que él ha alcanzado la meta, y estuviera invitando a sus lectores a ascender al nivel de él. Se prepara a ofrecerse a sí mismo como ejemplo a seguir. Pero al mismo tiempo no quiere enaltecerse como ejemplo inigualable. Ciertamente, no quiere presentarse como un ejemplo de pureza, virtud o devoción. Por esto, entre lo que antecede y lo que dirá a partir del versículo 17, Pablo incluye unas palabras acerca de su propia necesidad de crecer en la vida cristiana. Esas palabras se inician con la afirmación de que el propio Pablo todavía está camino a la perfección: "**No que lo haya alcanzado ya, ni que ya sea perfecto; sino que prosigo**". Y a esto siguen unas palabras que son de importancia fundamental para entender lo que Pablo está diciendo: "**por ver si logro asir aquello para lo cual fui también asido por Cristo Jesús**". Nótese que no dice que sea él quien se haya asido de esa meta que se encuentra al final de su camino. No habla de "asirse" de esa perfección que busca, sino que lo hace en voz pasiva: **fui asido por Cristo Jesús**. Ese uso de la voz pasiva es fundamental para evitar la vanagloria que tanto le preocupa. No "yo me así", sino "fui asido". No "me apoderé de Cristo", sino "Cristo se apoderó de mí". Y, como para remachar ese punto, Pablo prácticamente repite lo que acaba de decir: **Hermanos, yo mismo no pretendo haberlo ya alcanzado; pero una cosa hago: olvidando ciertamente lo que queda atrás, y extendiéndome a lo que está delante, prosigo a la meta, al premio del supremo llamamiento de Dios en Cristo Jesús.** Esta repetición nos muestra claramente que Pablo quiere que los filipenses entiendan que él mismo todavía tiene bastante que andar. Además, las palabras **olvidando ciertamente lo que queda atrás, y extendiéndome a lo que está delante** nos recuerdan lo que Jesús dijo, acerca de quien, puesta la mano sobre el arado, sigue mirando atrás (Lc 9:62). En cuanto a lo que Pablo entiende por **lo que queda detrás**, hay dos posibilidades: una es que sea su vida antes de la experiencia camino a Damasco, y que dejó atrás tras esa experiencia; la otra es que sea más general, y que se refiera entonces a la necesidad de dejar atrás todo lo que el Señor le perdona cada día. No es cuestión de recriminarse por lo que ya el Señor le perdonó.

En ese seguir adelante, se espera llegar **al premio del supremo llamamiento de Dios en Cristo Jesús**. Nótese una vez más que no se trata de un premio merecido por razón de mi virtud, o de mis obras de caridad, o de mi fidelidad a la iglesia. Todo eso es importante; pero la razón del premio es ese **supremo llamamiento de Dios en Cristo Jesús**.

3:15 | Así que, todos los que somos perfectos: En todo caso, aquí viene la sorpresa: tras decir repetidamente que no es perfecto, sino que todavía esta en el camino hacia la meta, ¡Pablo les dice, refiriéndose tanto a ellos como a sí mismo, **todos los que somos perfectos**! ¿Cómo es posible decir al mismo tiempo que no se es perfecto, y que sí se es perfecto? Algunos intérpretes entienden esto como una frase irónica, sugiriendo que algunos entre los filipenses se las daban de perfectos, y que Pablo les está haciendo ver lo ridículo de tal reclamo. Pero esa teoría no parece probable, ya que Pablo se incluye a sí mismo entre esos perfectos. La aparente contradicción se debe a que hay dos clases de perfección. Una es la perfección final, cuando se ha alcanzado la meta, cuando se ha llegado al máximo desarrollo. La otra es una perfección en la marcha hacia esa perfección final. Tenemos un ejemplo de esa perfección final cuando una madre, inmediatamente después de dar a luz, pregunta sobre su hijo: "¿Es perfecto?" Lo que esa madre quiere saber no es si mide más de metro y medio, si tiene barba, o si sabe que dos por dos son cuatro. Lo que quiere saber es sencillamente si tiene dos ojos, dos manos y dos pies, en otras palabras, si es perfecto como un recién nacido puede serlo. Tal perfección no es final. Si ese niño, perfecto al nacer, no crece, o si no llega a entender que dos y dos son cuatro, se dirá que no es perfecto. Lo que fue perfección en un momento, si se queda en eso, ya no es perfección. Cuando Pablo se refiere a sí mismo y a los creyentes en Filipos como **los que somos perfectos**, se está refiriendo a una perfección semejante a la de un recién nacido. No olvidemos que desde el punto de vista de la fe la conversión es un nuevo nacimiento, y que ese nuevo nacimiento se ve en el bautismo, que es una muerte a la vieja vida y un nacer a la nueva. Tanto Pablo como esos creyentes en Filipos no son perfectos en el sentido de haber alcanzado aquello para lo cual fueron asidos. Pero sí son perfectos en el sentido de haber sido asidos por Cristo. Es por ese haber sido asidos que Pablo les recuerda que, "olvidando ciertamente lo que queda detrás", han de extenderse "a lo que está delante"; y eso que está delante tanto para Pablo como para ellos es el blanco, la meta, el "premio del supremo llamamiento en Cristo Jesús". Su perfección se debe a ese llamamiento. Su imperfección se debe a que todavía no han alcanzado el premio de ese llamamiento.

esto mismo sintamos: Repetidamente, Pablo les ha dicho a los filipenses que han de sentir una misma cosa ¡nada menos que el mismo sentir que hubo en Cristo Jesús! Les ha dicho que nada hagan por contienda o por vanagloria. Les ha invitado a ser "unánimes", es decir, a tener la misma mentalidad. Ahora les señala que, esa perfección que ya tienen, los llama a sentir lo mismo: **una cosa sintamos**. Es importante señalar que Pablo parece decir que la primera y principal manifestación de esta perfección cristiana es sentir una misma cosa. Esto es muy diferente de lo que frecuentemente se entiende por "perfección cristiana". Entre muchos creyentes, se piensa que la perfección cristiana es cuestión privada; cuestión de hacer esto y aquello, y de no hacer aquello otro ni esto otro; cuestión de orar mucho y tener una robusta vida de devoción privada; cuestión de hablar repetidamente de nuestra fe e invitar a otros a seguirla. Todo esto es importante, y es manifestación de la vida cristiana. Pero aquí, cuando Pablo habla de esa perfección, no está tratando de la vida privada o de la fe de cada cual, sino más bien de la comunidad de fe: **esto mismo sintamos**. El camino de la perfección cristiana, ese proseguir a la meta, de inmediato incluye a otras personas. La perfección cristiana no es cuestión privada, sino cuestión de la comunidad de fe. Esto se debe a que la principal virtud cristiana no es la devoción, sino el amor. "Ahora permanecen la fe, la esperanza y el amor, estos tres; pero el mayor de ellos es el amor" (1 Co 13:13). Sin el amor, toda otra virtud es vana, "como metal que resuena, o címbalo que retiñe" (1 Co 13:1), porque "el amor nunca deja de ser; pero las profecías se acabarán, y cesarán las lenguas, y la ciencia acabará" (1 Co 13:8). La perfección cristiana es cuestión comunitaria porque es cuestión de amor; y para amar es necesario tener otros que sean objeto de ese amor.

si otra cosa sentís, esto también os lo revelará Dios: Esto no quiere decir que Dios les revelará otro sentir, y que entonces han de forzar a otros sobre la base de esa supuesta revelación. Lo que quiere decir es más bien que si alguien no participa del sentir común, si alguien crea rencillas, celos, contiendas, Dios mismo se la hará saber. La consecuencia práctica de esto es que si tal persona no escucha a quienes le llaman la atención sobre sus actitudes divisivas, no hay que recriminarle, pues Dios mismo lo hará. Saber esto evitará que las contiendas se vuelvan cada vez más amargas, pues si alguno no es "del mismo sentir" de la comunidad no hay que insistir en decírselo, sino que se debe dejar la cuestión en manos de Dios: **si otra cosa sentís, esto también os lo revelará Dios**.

3:16 | Pero en aquello a que hemos llegado, sigamos una misma regla, sintamos una misma cosa: Hay una relación reciproca entre el haber **llegado** y el sentir **una misma cosa**. Si pensamos que **hemos llegado** a algún punto de perfección, y no sentimos **una misma cosa**, esto es índice de que en realidad no hemos llegado. Y de igual manera, si sentimos **una misma cosa**, eso será señal de que en efecto **hemos llegado** a cierto nivel de perfección.

3:17 | Hermanos, sed imitadores de mí: Tras declarar repetidamente que él mismo no ha completado su camino a la perfección, Pablo invita a los filipenses a imitarle en su propio camino a la perfección. ¿Cómo puede decir primero que es imperfecto, que todavía no ha llegado a la meta, y luego ofrecerse a sí mismo como objeto de imitación? Precisamente porque la perfección de que habla en esta vida es siempre un camino hacia mayor perfección. Si volvemos al ejemplo del niño que nace perfecto, pero que todavía tiene que crecer, y pensamos ahora que ese niño tiene un hermano menor, el menor imitará al mayor, tanto en lo bueno como en lo malo. Aprenderá a caminar viendo a su hermano caminar; a leer, viendo a su hermano leer; a mentir, si ve a su hermano mentir; a ser diligente, si ve diligencia en su hermano. El mayor es no mejor que el menor. No es perfecto. No es ni siquiera más perfecto que el menor. Sencillamente, ha avanzado más en el camino de la perfección. Si el mayor camina, pero no salta, tiene que decir que todavía no ha alcanzado la meta de saltar. Si el menor gatea, pero no camina, tiene que decir que todavía no ha alcanzado una meta en la cual el mayor va delante. Tanto el uno como el otro son perfectos para el momento en que están. Pero en su camino a la perfección, el menor tiene que imitar al mayor, y así aprender a caminar. Y el mayor tiene que mirar a otros aun mayores que sí pueden saltar. Y así sucesivamente. Es por eso que Pablo, como un hermano mayor, se atreve a decirles a los filipenses: **sed imitadores de mí**.

y mirad a los que así se conducen según el ejemplo que tenéis en nosotros: Aparentemente para dejar bien claro que no se trata de una virtud especial que él tenga, Pablo vuelve a la primera persona plural: **nosotros**. Puesto que al principio dijo que estaba escribiendo junto a Timoteo, parece estar diciendo que los filipenses han de imitar no solamente a Pablo mismo, sino también a Timoteo. Esto es necesario, no solamente para no ponerse a sí mismo como ejemplo único, sino también porque repetidamente ha hablado de la perfección como algo que no se obtiene ni se practica únicamente en privado, sino con relación a otros. Luego, Pablo no quiere solamente que le imiten a él, sino también que imiten la relación que hay entre él y Timoteo.

Pero sus objetos de imitación han de ser no solo Pablo y Timoteo, sino también aquellos otros entre los mismos filipenses **los que así se conducen según el ejemplo que tenéis en nosotros**. Esta imitación múltiple y constante no se limita a unos pocos grandes ejemplos, maestros respetados, sino que es también una imitación en medio de la comunidad. Pablo les está diciendo: "si ustedes ven allí en Filipos a algunos que parecen seguir nuestro ejemplo, imítenles a ellos. El niño que gatea y trata de imitar al hermano que camina también deberá tratar de imitar a otros amigos de su hermano que también caminan. Los filipenses han de imitar cualquier cosa que vean en otros que sea lo que ven también en Pablo y Timoteo. Eso es importante no solamente para la perfección de cada cual, sino porque es precisamente de esa imitación mutua que se nutre el sentido de comunidad, el llegar a ser "de un mismo sentir".

3:18 | Porque por ahí andan muchos, de los cuales os dije muchas veces, y aun ahora lo digo llorando, que son enemigos de la cruz de Cristo. Una razón por la que los filipenses han de imitar a quienes imitan a Pablo y Timoteo es que **por ahí andan muchos** acerca de los cuales ya Pablo les ha advertido repetidamente: **muchas veces**. Estos no son dignos de imitación. Los filipenses han de imitar solamente a quienes siguen el modelo de Pablo y Timoteo.

Pablo no dice que se les ha de odiar, pues al criticar a tales personas lo hace **llorando** por su perdición. Pablo no es de los que se regocijan ante los errores de otros, sino más bien de quienes lamentan esos errores como si fueran suyos: **llorando**. Pero a pesar de ello, por el bienestar de los filipenses, tiene que advertirles que los tales **son enemigos de la cruz de Cristo**. En el contexto en que Pablo se refiere a ellos, su propósito es advertir a los filipenses que no les imiten. No son dignos de imitación, pues ellos mismo, en lugar de imitar **la cruz de Cristo**, son sus enemigos. En otras palabras, no hay en ellos "este sentir que hubo también en Cristo Jesús" (Fil 2:5).

3:19 | el fin de los cuales será perdición, cuyo dios es el vientre, y cuya gloria es su vergüenza; que sólo piensan en lo terrenal: Pablo pasa ahora a aclarar por qué dice que estas personas son "enemigos de la cruz de Cristo", y por qué **el fin de los cuales será perdición**. Pablo describe su condición en tres frases que no son una lista en el sentido de completar todo lo que tales personas hacen y todo lo que son, pero que sí sirven para pintar un cuadro bastante completo de su carácter. Estos tienen por **dios** a su propio **vientre**. Son idólatras, pues no sirven al único Dios, sino a su propio vientre y sus propios deseos. **Su gloria es su vergüenza**. Repetidamente, Pablo ha criticado la vanagloria como contraria a la verdadera fe en el único digno de gloria. Ahora lo dice de otro modo: estos que se glorían en sí mismos deberían avergonzarse de esa misma gloria que se dan. Y **solo piensan en lo terrenal**. Aquí es importante señalar que Pablo no está diciendo que no deberían pensar en lo terrenal. Dios es el creador de la tierra y de los cielos, y por tanto lo terrenal, en cuanto manifiesta la gloria de Dios, es digno de admiración y de observación. Lo que es más, el amor que Pablo tanto recalca tiene que manifestarse también en cuestiones terrenales: alimentar al hambriento, darle de beber al sediento, vestir al desnudo, etc. El mal no está en ocuparse de lo terrenal, sino en ocuparse solamente en ello. Cuando tal se hace, se está dejando a un lado a este Dios que es creador no solo de la tierra, sino también de las realidades espirituales. Todo esto es de una pieza: quien tiene por ídolo sus propios deseos (su vientre) es también quien se gloría en sí mismo, y quien no se preocupa por lo que no sea terrenal. Los tales, hay que decirlo **llorando**, no tienen otro destino que la perdición.

3:20 | Mas nuestra ciudadanía está en los cielos: Pablo aprovecha lo que acaba de decir acerca de quienes solamente se ocupan de lo terrenal para hablar acerca de lo celestial. Y lo hace en términos de **ciudadanía**. En tiempos de Pablo, la ciudadanía era muy diferente de lo que es hoy. Hoy todos son ciudadanos de algún lugar. Quizá vivan como extranjeros en otro lugar, muchos como refugiados, exiliados, migrantes en busca de paz y prosperidad. Aunque no sean ciudadanos del país donde viven, son ciudadanos en las tierras de su origen. Tal no era el caso en tiempos de Pablo. La **ciudadanía** era un privilegio reservado para algunos, normalmente todos varones. En el sistema romano ni los esclavos, ni los libertos, ni los libres en general, eran ciudadanos. Puesto que la palabra "ciudadanía" se deriva de "ciudad", no se era ciudadano de un país, sino de una ciudad. Pablo mismo era ciudadano tanto de Tarso (Hch 21:39) como de Roma (Hch 22:25-26). El valor de una ciudadanía, como también en cierta medida hoy, dependía del lugar de donde se era ciudadano. Por tanto, la más codiciada ciudadanía era la romana que Pablo tenía de nacimiento. Según Hechos 16:37-38. En la misma ciudad de Filipos, Pablo y Silas confrontaron la injusticia de las autoridades reclamando su ciudadanía romana. También leemos que tras quedar en libertad, Pablo y Silas volvieron a casa de Lidia, donde seguramente contarían lo que les había sucedido. Luego, es de suponerse que los creyentes en Filipos sabían que Pablo era ciudadano romano. Es imposible saber cuántos de los miembros de la iglesia en Filipos serían ciudadanos romanos. En la ciudad habría buen número de ciudadanos romanos, pero lo más probable es que pocos de ellos fueran cristianos. Luego, Pablo se está dirigiendo principalmente a personas que no tienen ciudadanía romana, que por eso no pertenecen a la élite de la ciudad, y que saben que Pablo sí tiene esa ciudadanía. Y ahora, Pablo les dice que no solamente ellos, quienes podrían envidiarle su ciudadanía, sino también él mismo, no tienen su verdadera ciudadanía en los papeles oficiales del gobierno. Sean ciudadanos de Roma o de Filipos, y aunque no tengan ciudadanía alguna, todos tienen una ciudadanía superior a cualquiera otra, incluso la romana: **nuestra ciudadanía está en los cielos**. ¡Mensaje de primera urgencia para nuestros días, cuando tantos cristianos se precian de su ciudadanía terrenal más que de la celestial, y hasta desprecian a quienes no tienen una ciudadanía tan prestigiosa o poderosa como la de ellos!

de donde también esperamos al Salvador, al Señor Jesucristo: Todos nosotros somos ciudadanos del cielo por naturalización; es decir, no somos ciudadanos de nacimiento, o al menos no por razón de nuestro nacimiento físico. Somos ciudadanos porque somos parte del cuerpo de Cristo, quien es de por sí ciudadano del cielo. O también podemos decir que somos ciudadanos en virtud de nuestro nuevo nacimiento, que nos hace parte del cuerpo de Cristo. Esto es semejante a lo que sucede en algunos países, donde quienes son parientes de ciudadanos tienen más facilidades para adquirir la ciudadanía.

En nuestros días, todo esto es una advertencia contra la vanagloria de un nacionalismo ciego que lleva a algunos a pensar que, sencillamente porque tienen alguna ciudadanía particular, son mejores que los demás. Si es verdad que nuestra verdadera ciudadanía no está en nuestro país, sino en el cielo, esto quiere decir que quien tiene papeles de ciudadanía, si es cristiano, no tiene derecho ni razón para despreciar al hermano inmigrante que no los tiene. Y quiere decir también que no podemos ser partícipes de una vanagloria nacionalista que alimenta las enemistades y hasta las guerras.

En todo caso, nuestra ciudadanía celestial está en cierto modo escondida, y será revelada cuando Cristo mismo se revele. (Compárese con Col 3:3-4). Esa es una de las razones por las que **también esperamos al Salvador, al Señor Jesucristo.**

3:21 | el cual transformará el cuerpo de la humillación nuestra, para que sea semejante al cuerpo de la gloria suya, por el poder con el cual puede también sujetar a sí mismo todas las cosas: Todo esto encaja con lo que Pablo acaba de decir acerca de la ciudadanía cristiana. Al manifestarse en el mundo y tomar posesión del reino, **para sujetar a sí mismo todas las cosas**, quedará claro que estos creyentes, quienes antes sufrieron **humillación**, serán transformados, de tal modo que pueda decirse que el cuerpo de nuestra humillación será transformado, de tal manera que **sea semejante al cuerpo de la gloria suya**. Y todo esto **por el poder con el cual puede también sujetar a sí mismo todas las cosas.** Hoy puede parecernos que no hay ciudadanía como la romana, y que no hay poder como el del Imperio Romano; pero esperamos el día cuando este a quien hoy proclamamos Señor se manifestará como Señor de señores, y por tanto infinitamente superior a cualquier imperio y cualquier soberano. Y, lo más sorprendente: ¡Nuestro ser será **semejante al cuerpo de la gloria suya**!

4:1 | Así que, hermanos míos amados y deseados, gozo y corona mía, estad así firmes en el Señor, amados: En cierto modo, esta es la conclusión de la carta, pues es un resumen de lo que Pablo les está diciendo a los filipenses: Que les ama (lo cual dice dos veces) y les añora, ya que son **gozo y corona mía**. Y que por tanto han de estar **firmes en el Señor**.

Pero el haber llegado a esa conclusión no le pone fin a lo que el Apóstol quiere decirles. Todo lo que antecede va dirigido a personas concretas, con sus sueños, sus ambiciones, sus virtudes y sus defectos. El mismo amor que Pablo acaba de reafirmar le impulsa a darles algunas instrucciones más concretas y algunas palabras más personales.

12

Palabras finales

4:2-23

2 Ruego a Evodia y a Síntique, que sean de un mismo sentir en el Señor. 3 Asimismo te ruego también a ti, compañero fiel, que ayudes a éstas que combatieron juntamente conmigo en el evangelio, con Clemente también y los demás colaboradores míos, cuyos nombres están en el libro de la vida.

4 Regocijaos en el Señor siempre. Otra vez digo: ¡Regocijaos! 5 Vuestra gentileza sea conocida de todos los hombres. El Señor está cerca. 6 Por nada estéis afanosos, sino sean conocidas vuestras peticiones delante de Dios en toda oración y ruego, con acción de gracias. 7 Y la paz de Dios, que sobrepasa todo entendimiento, guardará vuestros corazones y vuestros pensamientos en Cristo Jesús.

8 Por lo demás, hermanos, todo lo que es verdadero, todo lo honesto, todo lo justo, todo lo puro, todo lo amable, todo lo que es de buen nombre; si hay virtud alguna, si algo digno de alabanza, en esto pensad. 9 Lo que aprendisteis y recibisteis y oísteis y visteis en mí, esto haced; y el Dios de paz estará con vosotros.

10 En gran manera me gocé en el Señor de que ya al fin habéis revivido vuestro cuidado de mí; de lo cual también estabais solícitos, pero os faltaba la oportunidad. 11 No lo digo porque

tenga escasez, pues he aprendido a contentarme, cualquiera que sea mi situación. 12 Sé vivir humildemente, y sé tener abundancia; en todo y por todo estoy enseñado, así para estar saciado como para tener hambre, así para tener abundancia como para padecer necesidad. 13 Todo lo puedo en Cristo que me fortalece.

14 Sin embargo, bien hicisteis en participar conmigo en mi tribulación. 15 Y sabéis también vosotros, oh filipenses, que al principio de la predicación del evangelio, cuando partí de Macedonia, ninguna iglesia participó conmigo en razón de dar y recibir, sino vosotros solos; 16 pues aun a Tesalónica me enviasteis una y otra vez para mis necesidades. 17 No es que busque dádivas, sino que busco fruto que abunde en vuestra cuenta. 18 Pero todo lo he recibido, y tengo abundancia; estoy lleno, habiendo recibido de Epafrodito lo que enviasteis; olor fragante, sacrificio acepto, agradable a Dios. 19 Mi Dios, pues, suplirá todo lo que os falta conforme a sus riquezas en gloria en Cristo Jesús. 20 Al Dios y Padre nuestro sea gloria por los siglos de los siglos. Amén.

21 Saludad a todos los santos en Cristo Jesús. Los hermanos que están conmigo os saludan. 22 Todos los santos os saludan, y especialmente los de la casa de César.

23 La gracia de nuestro Señor Jesucristo sea con todos vosotros. Amén.

4:2 | Ruego a Evodia y a Síntique, que sean de un mismo sentir en el Señor: Las mujeres siempre tuvieron un lugar importante en la iglesia de Filipos. Cuando Pablo y sus acompañantes llegaron por primera vez a Filipos, y fueron a buscar una sinagoga, lo que encontraron fue un grupo de mujeres que se reunían junto al río para orar. Una de ellas, Lidia de Tiatira, les ofreció hospedaje en su casa, y fue allí que moraron hasta ser encarcelados y azotados.

Cuando por fin fueron librados, acudieron a casa de Lidia para despedirse de los creyentes; lo cual da a entender que era en casa de Lidia que se reunían. Lo que es más, las mujeres en Filipos son parte de la narración aun cuando su participación no sea tan activa, pues fue por sanar a una joven explotada por sus amos por tener "espíritu de adivinación" que Pablo y Silas fueron encarcelados (Hch 16:6-40).

Ahora Pablo empieza sus palabras finales dirigiéndose a dos mujeres: Evodia y Síntique. De inmediato notamos que parecen haber tenido diferencias que se manifestaban en el seno de la iglesia, pues Pablo les ruega **que sean de un mismo sentir en el Señor**. Pero lo que frecuentemente olvidamos es que las disensiones son más graves cuando reflejan las posturas de líderes en la iglesia, y las diferencias entre ellos. Luego, el mencionar aquí a Evodia y Síntique, aunque sea para llamarlas a la reconciliación, es señal de su importancia dentro de la comunidad cristiana de Filipos. En cuanto a las diferencias entre ellas, no es posible saber más.

4:3 | Asimismo te ruego también a ti, compañero fiel, que ayudes a éstas que combatieron juntamente conmigo en el evangelio: Este versículo ha sido motivo de largos debates entre los eruditos y traductores. Esto se debe ante todo a que parece dirigirse a un individuo sin dar el nombre ni saludarle. Si el propósito de Pablo era que esta carta fuera leída en público ante la iglesia, ¿qué entenderían los oyentes al escuchar estas palabras? ¿A quién se dirigían? ¿Serían sencillamente un ruego a todos los que pudieran considerarse "compañeros fieles", para que mediaran entre Evodia y Síntique? Ciertamente, Pablo usa tales apelaciones generales en otros sitios. En Romanos, por ejemplo, dice: "eres inexcusable, oh hombre, quienquiera que seas tú que juzgas" (Ro 2:1). Pero esto parece justificarse menos en Filipenses, donde Pablo se dirige a una de las iglesias que mejor conocía. Además, inmediatamente después de dirigirse a este ignoto "compañero fiel", Pablo se dirige por nombre a "Clemente". Por esas y muchas otras razones, otros intérpretes y traductores sugieren que lo que aquí se traduce como **compañero** (en griego, *sýzugos*) no debe traducirse como "compañero" o, como en otras traducciones, "compañero en la obra", sino como un nombre propio. En tal caso, el texto diría: "**te ruego también a ti,** Sízigo **fiel, que ayudes**...". Pero tal traducción también tiene sus dificultades, pues el nombre de "Sízigo", como nombre propio, no aparece en ningún otro texto de la época. En todo caso, cabe notar que la palabra misma, *sýzugos*, se deriva del ya mencionado prefijo *syn*, que indica unión, y de la palabra que quiere decir "yugo". Literalmente, es paralela entonces a nuestra palabra "cónyuge". Pero en la literatura de entonces se usa, no para la unión matrimonial, sino más bien para quienes están sujetos a una misma obediencia, como los compañeros de milicia.

que ayudes a éstas que combatieron juntamente conmigo en el evangelio: Pablo no parece estar complacido con las actitudes de Evodia y de Síntique. Pero eso no quiere decir que les descarte por completo, sino más bien que quiere que se reconcilien para el bien tanto de ellas mismas como de la iglesia. Por eso les recuerda a los filipenses que estas dos mujeres, que aparentemente ahora tienen serias diferencias, fueron en un tiempo colaboradoras en el ministerio de Pablo. Nuestra versión traduce correctamente el texto griego al decir que **combatieron juntamente conmigo**. Este recordatorio se refuerza por haberse referido inmediatamente antes a un "compañero de milicia", lo cual es prácticamente lo mismo que ahora dice de estas dos mujeres que aparentemente causan disensión, pero a quienes Pablo estima. Y a esto, como para colocar a estas dos mujeres en medio de numerosos compañeros de milicia, Pablo añade: **con Clemente también y los demás colaboradores míos, cuyos nombres están en el libro de la vida**. En la construcción gramatical de estas palabras hay cierta ambigüedad que bien puede ser intencional: Pablo puede estar diciendo que estos otros fueron colaboradores suyos, junto a Evodia y Síntique, o puede estarles pidiendo a estos otros colaboradores que se unan en el esfuerzo por reconciliar a las dos mujeres, y asegurándoles a todos que lo importante es recordar que sus **nombres están en el libro de la vida.** Esto es particularmente interesante, pues de Clemente, Evodia, Síntique y varios otros no sabemos mucho más que el nombre. Pero aunque nosotros y la historia toda los haya olvidado, Dios no les olvida. Sus **nombres están en el libro de la vida.**

4:4 | Regocijaos en el Señor siempre. Otra vez digo: ¡Regocijaos!: Aquí, a punto de cerrar su carta, Pablo insiste en el tema principal de toda la epístola: el gozo cristiano. El vínculo entre ese gozo y lo que acaba de decir está en las palabras que cierran el versículo anterior, donde, al tiempo que expresa su agradecimiento, les recuerda a los filipenses fieles que sus "nombres están escritos en el libro de la vida". Esto es lo que hace posible regocijarse **siempre**: no es un gozo por la buena fortuna, o por curarse de una enfermedad, o porque nuestro bando ha ganado en una disputa, sino que es un gozo **en el Señor**. Es por esa razón que Pablo les dice que es posible regocijarse **siempre**: porque es un regocijo, no en nuestras condiciones, sino **en el Señor**, que es el único que permanece **siempre** fiel. Y para recalcar la importancia de ese gozo siempre permanente, Pablo lo repite: **Otra vez digo: ¡Regocijaos!**

4:5 | Vuestra gentileza sea conocida de todos los hombres. El Señor está cerca: El gozo no es solamente una actitud interna, sino que también rebosa hacia fuera. No es solamente cuestión de regocijarnos en el culto, cuando alabamos al Señor y le expresamos nuestro regocijo por su presencia. Se trata más bien de un gozo que se manifiesta también en la vida diaria; y se manifiesta en **gentileza.** La palabra griega que se usa aquí (*epieikés*) no significa gentileza solamente en el sentido de cortesía, sino que también quiere decir estar dispuesto o dispuesta a ceder, a hablar con dulzura y suavidad. Es señal de ese amor que "es sufrido, es benigno; [...] no tiene envidia, [...] no es jactancioso, no se envanece; no hace nada indebido, no busca lo suyo, no se irrita, no guarda rencor; no se goza de la injusticia, mas se goza de la verdad. Todo lo sufre, todo lo cree, todo lo espera, todo lo soporta" (1 Co 13:4-7).

Esto es mucho pedir. Por naturaleza, cada cual busca lo suyo. Nos irritamos cuando algo no nos gusta. Se nos hace difícil perdonar... A esto, Pablo respondería que no nos está pidiendo que nos regocijemos por cuenta propia, sino que nos llama a regocijarnos "en el Señor", sabiendo que **el Señor está cerca**. Esta frase no quiere decir solamente que el Señor está por venir, sino también que en el entretanto está ya a la mano; que si algo nos causa enojo, el Señor está a la mano para conducirnos por el mejor camino.

4:6 | Por nada estéis afanosos, sino sean conocidas vuestras peticiones delante de Dios en toda oración y ruego: El afán es una ansiedad que frecuentemente va unida a la idea errada de que algo depende de nosotros. Pero la verdad es que la mayoría de las cosas que nos preocupan no están en nuestras manos. Jesús lo dijo claramente: "¿Quién de vosotros podrá, por mucho que se afane, añadir a su estatura un codo?" (Mt 6:27). El afán no es solo preocupación. Esta última, si no se vuelve afán, es inevitable y hasta señal de amor y compasión. En el momento en que escribo estas líneas, estoy preocupado porque Rusia ha invadido a Ucrania, produciendo sufrimientos indecibles, y preocupando al mundo entero por las posibles consecuencias de tal acción. Quien no se preocupe y lamente por eso tiene el corazón de piedra. Pero si me afano, como si todo lo que ocurra en Ucrania o en Rusia dependiera de mí, he caído no solamente en el afán, sino también en una especie de autoidolatría, en la que me imagino que soy Dios, y que el destino de las naciones está en mis manos. El destino de las naciones está en las manos de Dios. Lo que debe preocuparme no es ese destino, sino lo que Dios desee que yo sienta y haga camino a ese destino. El destino de Ucrania está en las manos de Dios. Eso me llama a no afanarme por lo que ocurre allí; pero no me exime de tomar acciones y actitudes responsables respecto a lo que ocurre entre Rusia y Ucrania. El destino del clima está en las manos de Dios. Eso me llama a no afanarme por el calentamiento global; pero no me exime de tomar acciones y actitudes responsables respecto a ese calentamiento.

Una de las cosas que puedo hacer tanto respecto a Ucrania como respecto al clima es acudir a Dios en oración: **sean conocidas vuestras peticiones delante de Dios en toda oración y ruego**. Bien lo dice el antiguo himno: "¿Vives débil y cargado de cuidados y temor? A Jesús, refugio eterno, dile todo en oración".

con acción de gracias: Pablo no cierra el pensamiento con la invitación a orar, sino que añade que esas peticiones y ruegos delante de Dios por cuestiones que nos preocupan han de ser **con acción de gracias**. El lamentarse ante Dios no es pecado. De esto hay numerosísimas pruebas en los Salmos, donde el salmista se lamenta y hasta se queja ante Dios. Pero tras ese lamento y queja hemos de dar gracias por el hecho mismo de que el Señor del universo está dispuesto a escuchar nuestro lamento y queja, como cuando de niños protestábamos contra alguna decisión de nuestra madre, pero al mismo tiempo sabíamos que el tener una madre que escuchara nuestro dolor era ya un bien.

4:7 | Y la paz de Dios, que sobrepasa todo entendimiento, guardará vuestros corazones y vuestros pensamientos en Cristo Jesús: Estas palabras se emplean frecuentemente en muchas iglesias en una bendición final: "la paz de Dios, que sobrepasa todo entendimiento, guarde vuestros corazones y mentes …". Notemos, sin embargo, una diferencia importante: Pablo no está pidiéndole a Dios que guarde los corazones y mentes de los filipenses. Pablo se está declarando que así será: "**La paz de Dios** […] **guardará**". La paz de Dios no es un ruego que hacemos ante Dios, ¡sino una promesa que Dios nos hace!

4:8 | Por lo demás, hermanos, todo lo que es verdadero, todo lo honesto, todo lo justo, todo lo puro, todo lo amable, todo lo que es de buen nombre; si hay virtud alguna, si algo

digno de alabanza, en esto pensad: Para entender el alcance de lo que Pablo dice es preciso aclarar algo del sentido del verbo que aparece al final del versículo, **pensad**. Para nosotros, "pensar" en algo es recordarlo. "Estoy pensando en Pedro" quiere decir que le estoy recordando. El verbo griego que aquí se traduce por pensad (*logízomai*) ciertamente incluye eso; pero también significa hacer de algo la base de nuestro pensamiento, tenerlo en cuenta. Si estoy a punto de hacer algo, y alguien me dice "piensa en Pedro", no me está diciendo solamente que me acuerde de él, sino también que tenga en cuenta las consecuencias que mi decisión pueda tener para Pedro. En cierto modo, es hacer de Pedro la base de mi pensamiento. Lo que Pablo dice aquí se acerca a eso: no es solamente cuestión de meditar acerca de **todo lo que es verdadero, todo lo honesto, todo lo justo, todo lo puro, todo lo amable**, etc. Es también cuestión de tomar decisiones y adoptar actitudes que se basen en todo lo verdadero, lo honesto, lo justo, etc.

4:9 | Lo que aprendisteis y recibisteis y oísteis y visteis en mí, esto haced: Una vez más, Pablo les repite lo que les dijo en 3:17.

y el Dios de paz estará con vosotros: Una vez más, una bendición que no expresa solamente un deseo, sino también una promesa: **estará**.

4:10 | En gran manera me gocé en el Señor de que ya al fin habéis revivido vuestro cuidado de mí; de lo cual también estabais solícitos, pero os faltaba la oportunidad: Lo que Pablo ha venido diciendo acerca de la gratitud y del gozo toman ahora forma concreta agradeciéndoles gozoso el sostén que le han enviado a Pablo por mano de Epafrodito. Pablo sabe y les dice que, si ese sostén demoró, no fue por falta de deseos, sino por falta de oportunidad (quizá por tener que esperar a que Epafrodito pudiera ir a donde Pablo).

4:11-12 | No lo digo porque tenga escasez, pues he aprendido a contentarme, cualquiera que sea mi situación. Sé vivir humildemente, y sé tener abundancia; en todo y por todo

estoy enseñado, así para estar saciado como para tener hambre, así para tener abundancia como para padecer necesidad: Pablo les dice que no tiene necesidad de lo que ellos le han enviado. No les está presentando un cuadro triste para que le envíen ayuda. Más bien les está agradeciendo lo que ha recibido y dejando bien claro que, aunque la ofrenda de los filipenses le ayuda y él la agradece, la falta de ella no impediría ni su ministerio ni su gozo: **pues he aprendido a contentarme, cualquiera que sea mi situación.** Con estas palabras les está dando ejemplo de lo que les dijo antes: "Regocijaos en el Señor siempre. Otra vez digo: ¡Regocijaos!" Él se regocija por lo que ha recibido; y de no haberlo recibido, también se regocijaría.

4:13 | Todo lo puedo en Cristo que me fortalece: Estas palabras, tan citadas, no son sencillamente una declaración general, como si Pablo estuviera diciendo que nada le es imposible. Les está diciendo más bien, en el contexto en que lo dice, que por el poder de Cristo puede contentarse si tiene y si no tiene, si vive en abundancia o en escasez.

4:14 | Sin embargo, bien hicisteis en participar conmigo en mi tribulación: Lo que aquí se traduce por participar es un verbo derivado de la palabra *koinonía,* que ya hemos discutido. Lo que los filipenses han hecho fue hacer común, no hacer suyo propio, lo que tenían, sino hacer a Pablo copartícipe de ello. No participaron en su tribulación únicamente sintiendo dolor por las condiciones en que Pablo se encontraba, sino también dándole de lo suyo.

4:15-18 | Y sabéis también vosotros, oh filipenses, que al principio de la predicación del evangelio, cuando partí de Macedonia, ninguna iglesia participó conmigo en razón de dar y recibir, sino vosotros solos; pues aun a Tesalónica me enviasteis una y otra vez para mis necesidades. No es que busque dádivas, sino que busco fruto que abunde en vuestra cuenta. Pero todo lo he recibido, y tengo abundancia; estoy

lleno, habiendo recibido de Epafrodito lo que enviasteis; olor fragante, sacrificio acepto, agradable a Dios: Estas palabras no necesitan comentario. Son un resumen del apoyo que los filipenses le han prestado a Pablo repetidamente, y que ahora él les agradece, al tiempo que reconoce que entre todas las iglesias en que ha trabajado, fue la de los filipenses la que le prestó ayuda.

4:19 | Mi Dios, pues, suplirá todo lo que os falta conforme a sus riquezas en gloria en Cristo Jesús: Pablo no les promete que les va a devolver en modo alguno lo que han hecho por él. Quien se lo devolverá no es Pablo, sino Dios. Y Pablo ni siquiera trata de sugerir lo que les falta, sino que dice sencillamente **todo lo que os falta**. Pero en todo caso, lo que les falta no son bienes terrenales, como los que le han mandado a Pablo mediante Epafrodito. Lo que les falta es más de las **riquezas en gloria en Cristo**. Estas palabras nos recuerdan la respuesta común del necesitado que recibe ayuda y, no pudiendo devolver el favor, dice "Dios se lo pague". La diferencia está, una vez más, en que Pablo no habla en subjuntivo (se lo pague), sino en el futuro de indicativo: **suplirá**. Esto no es una posibilidad, sino una promesa.

4:20 | Al Dios y Padre nuestro sea gloria por los siglos de los siglos. Amén: En todo lo que acaba de decir, el poder vivir en abundancia y en escasez, en la obra de los filipenses apoyando a Pablo, en el regocijo tanto de Pablo como de los filipenses: la gloria no es de Pablo ni de los filipenses, sino de Dios.

4:21-22 | Saludad a todos los santos en Cristo Jesús. Los hermanos que están conmigo os saludan. Todos los santos os saludan, y especialmente los de la casa de César: Como era costumbre en el género epistolar de sus días, Pablo termina su carta con una salutación, a la que añadirá una bendición. Los saludos van dirigidos, no a los pocos que se han mencionado, sino a todos los santos en Cristo Jesús. No olvidemos que esta epístola sería leída en voz alta a toda la congregación de Filipos. Por tanto, este saludo es para todos esos creyentes. A ese saludo a todos ellos se unen **los hermanos que están conmigo**. La carta que al principio se presentó como escrita en conjunto por Pablo y Timoteo, que luego vino a ser prácticamente una epístola de Pablo, ahora se vuelve un saludo de todos los creyentes que están junto a Pablo a todos los creyentes que escuchan la lectura de la carta. Es un saludo de iglesia a iglesia, de comunidad a comunidad.

La frase **los de la casa de César** se ha prestado a especulaciones acerca de si Pablo habría logrado alcanzar a algunos entre las más altas élites del Imperio, puesto que aquí **la casa** es la "familia". Pero es necesario recordar que en aquella sociedad una "familia" no era únicamente un grupo de parientes, sino que se extendía a todos los que estaban bajo la autoridad del *paterfamilias*, del "padre de la familia", quien no era en realidad el padre físico de todos, sino que era más bien el varón que tenía autoridad sobre los demás, incluso los esclavos. Tales esclavos, por estar bajo el mismo paterfamilias, eran parte de su familia o de su casa. Luego, estos **de la casa de César** que se cuentan entre los **santos**, y envían sus saludos a los filipenses, ciertamente pueden haber sido personajes cercanos a César; pero lo más probable es que fueran algunos de algún otro modo miembros de la "familia" de César a quienes Pablo había conocido en su propio encarcelamiento, quizá hasta algunos entre sus guardias.

4:23 | La gracia de nuestro Señor Jesucristo sea con todos vosotros. Amén: Pablo termina esta epístola como tantas otras: con una palabra de bendición. Más tarde los cristianos empezarían a entender la "gracia" como un poder que Dios le infunde al creyente, como un fluido fortalecedor, lo que se dio en llamar "gracia infusa". Pero en su sentido original la **gracia** es la buena voluntad, el amor providente y perdonador de Dios. Eso es lo que Pablo desea que los filipenses reciban de Cristo.

Epílogo

Hemos completado nuestro estudio de Filipenses. Ese estudio nos ha permitido entender algo más del mundo del siglo primero, y del modo en que aquellos antepasados nuestros en la fe se veían afectados por ese mundo y al mismo tiempo se relacionaban con él. Pero esta carta, quizá mucho más que cualquiera otra de las epístolas de Pablo, nos ha permitido entrar a su corazón. Le hemos visto relacionarse con la que bien podemos llamar su iglesia favorita. Fue en Filipos que tuvieron lugar algunos de los episodios más notables de la vida de Pablo. Fue en Filipos que Pablo pasó buena parte de su tiempo de ministerio. Fue a Filipos que Pablo volvió una y otra vez. Y fue la iglesia de Filipos la que más generosa y asiduamente apoyó el ministerio de Pablo y su colecta para los pobres en Jerusalén. En una palabra, como hemos dicho anteriormente, esta es la más íntima de las epístolas de Pablo.

El tema central de la epístola es el gozo. Bien lo dice el propio Pablo: "Regocijaos en el Señor siempre. Otra vez digo: ¡Regocijaos!" La epístola está llena de expresiones de gozo, y de invitaciones al regocijo. No hay otra palabra que se destaque más en ella que "gozo" y sus muchos derivados.

Pero no se trata de un gozo superficial, de un gozo que se confunde unas veces con la risa y otras con el alboroto, o de un gozo basado en las buenas circunstancias en que nos encontramos. Se trata más bien de un gozo tan profundo que se expresa tanto en el silencio como en el alboroto; tanto en la abundancia como en la necesidad; tanto en la fortuna como en el infortunio; tanto en el elogio como en la vergüenza; tanto en los tiempos fáciles como en los de tribulación. Lo contrario de la alegría es la tristeza. Pero es posible regocijarse cuando se está triste, pues lo contrario del gozo no es la tristeza, sino el afán; ese afán que nos lleva a pensar que todo depende de nosotros, ese afán que nace de la duda en el poder o en el amor de Dios.

Hay entonces otro tema importante, pero secundario, en toda la epístola: el de la necesidad de unidad, de comprensión, de unanimidad. Pablo les llama a combatir "firmes en un mismo espíritu" (1:27) y a hacerlo "todo sin murmuraciones y contiendas" (2:14). A Evodia y Síntique, les ruega "que se pongan de acuerdo en el Señor" (4:2); y a otros ("Clemente ,y los demás colaboradores míos) les pide que las ayuden en el camino a la unidad (4:3). Y todo esto se basa firmemente en el ejemplo de Cristo, cuyo sentir los creyentes han de tener (2:5-11).

Todo esto es indicio de que no había entre los creyentes en Filipos la unidad que Pablo deseaba. Pero lo notable es que esto no destruye su gozo. Pablo se preocupa, pero no se afana. No les dice siquiera que se pongan de acuerdo para que así puedan regocijarse. Les dice más bien, "Regocijaos en el Señor siempre". El "siempre" es absoluto. Han de regocijarse en el Señor aun cuando haya entre ellos desacuerdo, como el que evidentemente había entre Evodia y Síntique. Tal gozo no quiere decir que no deban seguir buscando la unidad; pero sí quiere decir que si verdaderamente experimentan ese gozo las cosas que les dividen tendrán menos importancia, y se esforzarán por tener "el mismo sentir" (¡un sentir que es nada menos que "el que hubo en Cristo Jesús"!).

Ahora volvemos de aquel siglo primero a este vigésimo primero. Volvemos a la realidad de una iglesia dividida en denominaciones, en muchos casos por diferencias teológicas de poca importancia. Volvemos a la realidad de una iglesia dividida por conflictos raciales, económicos, internacionales y de clase. Volvemos a la realidad de iglesias locales en las que dos o tres líderes se disputan el liderato. Volvemos a la realidad de Ucrania invadida por Rusia, o quizá, cuando alguien lea esto en unos años, la realidad de otros conflictos semejantes. Volvemos a la realidad de un clima que parece marchar desbocadamente hacia la destrucción.

¿Qué nos dice Filipenses acerca de todo esto? Nos dice ciertamente que, aunque debamos preocuparnos, no hemos de permitir que nuestras preocupaciones se tornen afanes. Nos dice que una tarea urgente es reconciliarnos, no solamente con Dios, sino también unos con otros, de tal modo que nuestra "gentileza sea conocida de todos". Nos dice que, al tiempo que practicamos la gentileza, hemos de estar "firmes en el Señor". Pero nos dice sobre todo que, estemos unidos o no, encontremos o no soluciones a los problemas de hoy, una cosa sí tenemos que hacer. Nos dice sencilla pero firmemente: **Regocijaos en el Señor siempre.** Y otra vez nos dice: **¡Regocijaos!**